科考轶闻知多少

蔺德生 赵萍◎著

语文出版社·北京·

鲤鱼跃龙门
科举文化丛书

KEKAO
YIWEN
ZHIDUOSHAO

图书在版编目（CIP）数据

科考轶闻知多少 / 蔺德生，赵萍著. -- 北京 : 语文出版社，2015.10
（科举文化丛书）
ISBN 978-7-5187-0109-4

Ⅰ. ①科… Ⅱ. ①蔺… ②赵… Ⅲ. ①科举制度—中国—通俗读物 Ⅳ. ①D691.3-49

中国版本图书馆CIP数据核字(2015)第225754号

责任编辑 谢 惠
装帧设计 李建章 梁 明
出　　版 语文出版社
地　　址 北京市东城区朝阳门内南小街51号 100010
电子信箱 ywcbsywp@163.com
排　　版 北京杰瑞腾达科技发展有限公司
印刷装订 北京市联华印刷厂
发　　行 语文出版社 新华书店经销
规　　格 787mm×1092mm
开　　本 1/16
印　　张 13.75
字　　数 172千字
版　　次 2015年10月第1版
印　　次 2015年10月第1次印刷
印　　数 1-3,000
定　　价 28.00元

010-65253954（咨询） 010-65251033（购书） 010-65250075（印装质量）

状元及第花钱

榜眼牌匾

潍坊木版年画《状元及第》

潍坊木版年画《子孙贤读五经》

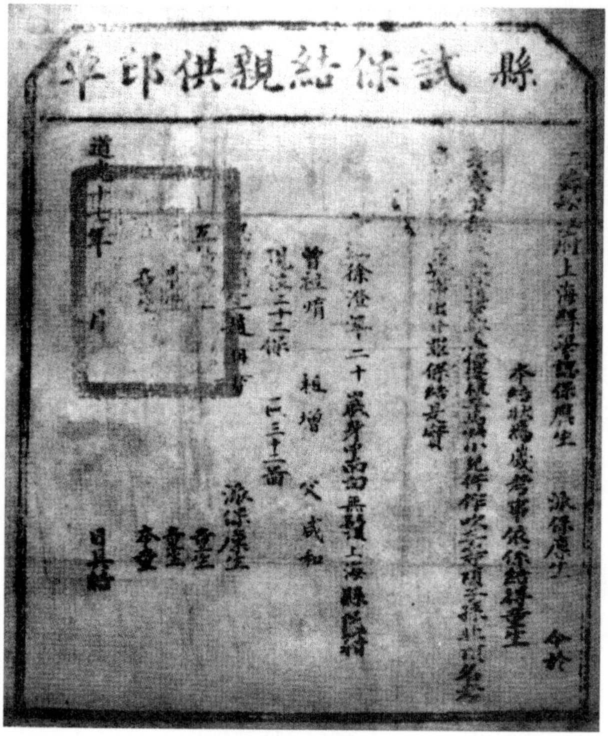
縣試保結親供印單

道光十七年

道光十七年结状

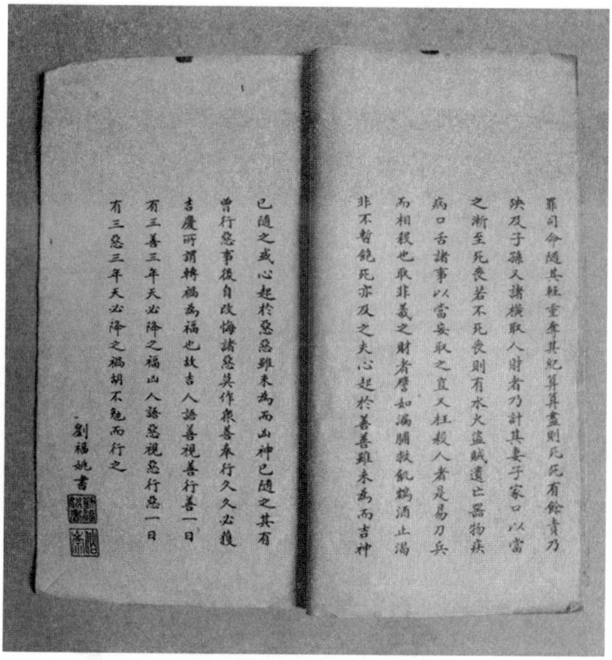
罪司命隨其輕重奪其紀算算盡則死死有餘責乃
殃及子孫又諸橫取人財者乃計其妻子家口以當
之漸至死喪若不死喪則有水火盜賊遺亡器物疾
病口舌諸事以當妄取之直又枉殺人者是易刀兵
而相殺也取非義之財者譬如漏脯救饑鴆酒止渴
非不暫飽死亦及之夫心起於善善雖未為而吉神
已隨之或心起於惡惡雖未為而凶神已隨之其有
曾行惡事後自改悔諸惡莫作衆善奉行久久必獲
吉慶所謂轉禍為福也故吉人語善視善行善一日
有三善三年天必降之福凶人語惡視惡行惡一日
有三惡三年天必降之禍胡不勉而行之
劉福姚書

状元刘福姚书《太上感应篇》

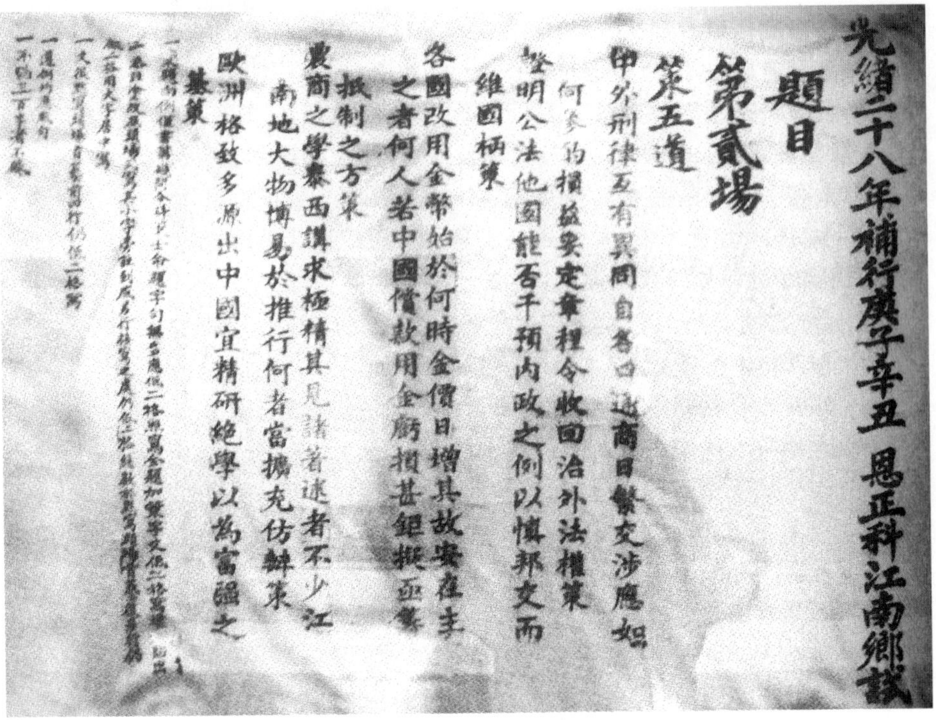

光緒二十八年補行庚子辛丑恩正科江南鄉試

題目

第貳場

策五道

中外刑律互有異同自各口通商日繁交涉應如何參酌損益妥定章程令收回治外法權策

瞀明公法他國能否干預內政之例以愼邦交而維國柄策

各國改用金幣始於何時金價日增其故安在主之者何人若中國償款用金虧損甚鉅擬亟籌抵制之方策

農商之學泰西講求極精其見諸著述者不少江南地大物博易於推行何者當擴充仿辦策

歐洲格致多源出中國宜精研絕學以爲富强之基策

光绪二十八年科考试卷

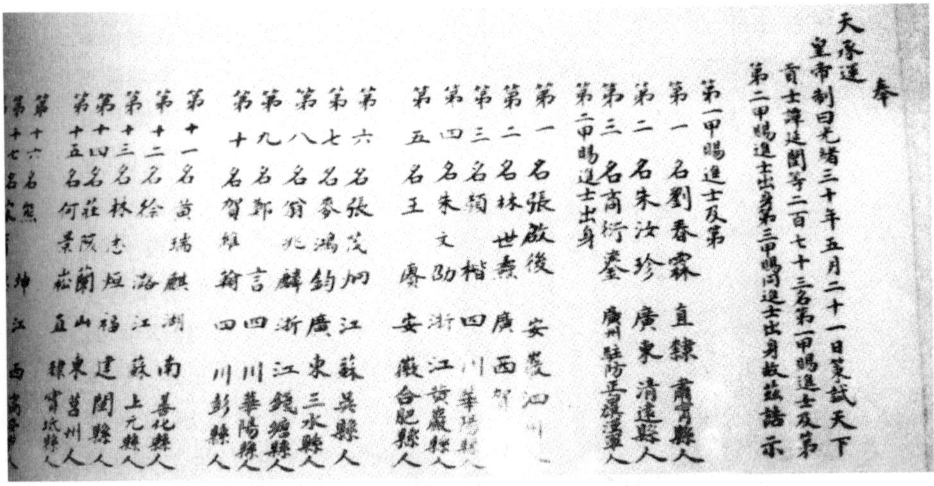

奉

天承運

皇帝制曰光緒三十年五月二十一日策試天下貢士譚延闓等二百七十三名第一甲賜進士及第第二甲賜進士出身第三甲賜同進士出身故兹誥示

第一甲賜進士及第

第一名劉春霖 直隸肅寧縣人

第二名朱汝珍 廣東清遠縣人

第三名商衍鎏 廣州駐防正白旗漢軍人

第二甲賜進士出身

第一名張啟後 安徽泗州人

第二名林世燾 廣西賀縣人

第三名顧楷 四川華陽縣人

第四名朱文劭 浙江黃巖縣人

第五名王賡 安徽合肥縣人

第六名張茂炯 江蘇吳縣人

第七名麥鴻鈞 廣東三水縣人

第八名翁兆麟 浙江錢塘縣人

第九名鄧言 四川華陽縣人

第十名賀維翰 四川彭縣人

第十一名黃瑞麒 湖南善化縣人

第十二名徐治 江蘇上元縣人

第十三名林志烜 福建閩縣人

第十四名莊陔蘭 山東莒州人

第十五名何景崧 直隸

光绪三十年皇榜

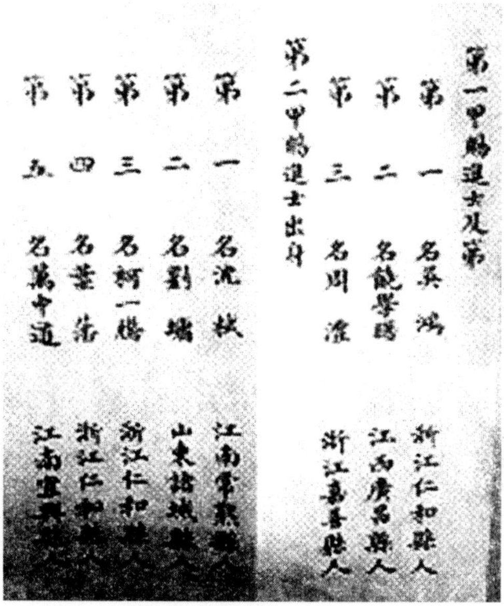

第一甲賜進士及第
第一名吳鴻 浙江仁和縣人
第二名饒學曙 江西廣昌縣人
第三名周澧 浙江嘉善縣人
第二甲賜進士出身
第一名沈栻 江南常熟縣人
第二名劉墉 山東諸城縣人
第三名柯一樾 浙江仁和縣人
第四名姜[illegible] 浙江仁和縣人
第五名萬中道 江南宜興縣人

吴鸿、刘墉进士及第榜

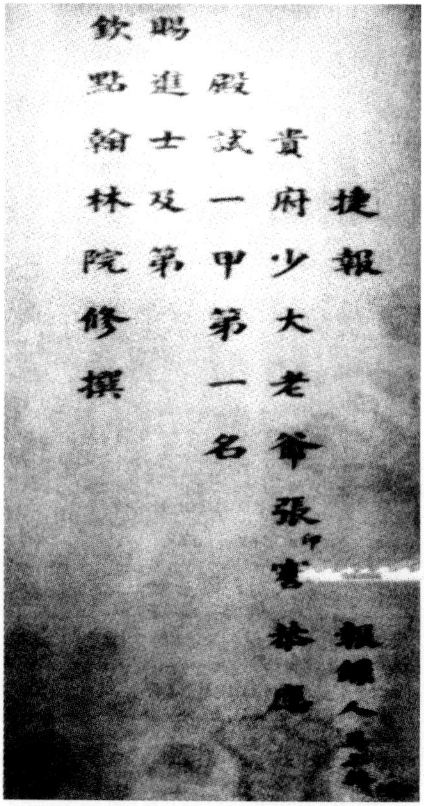

捷報
貴府少大老爺張謇恭喜
殿試一甲第一名
賜進士及第
欽點翰林院修撰

张謇科举捷报

咸丰六年状元翁同龢

清末科探花郎商衍鎏

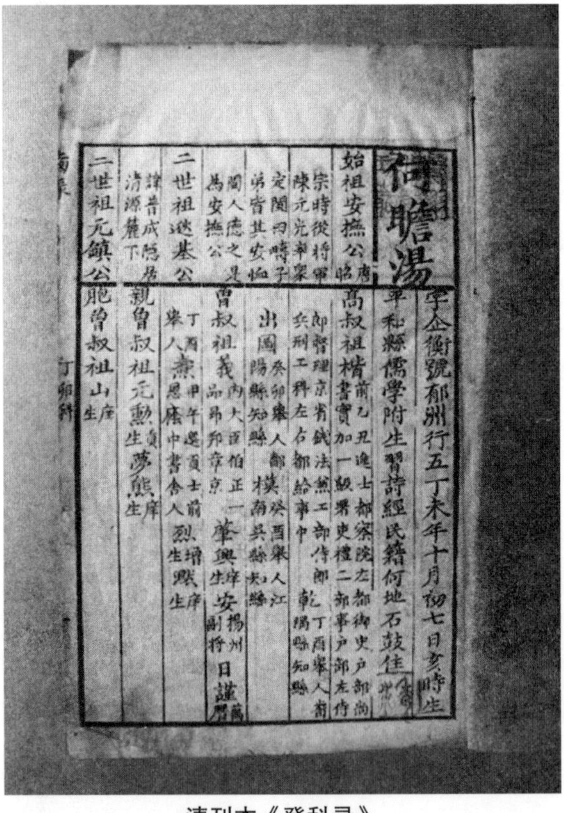

何贍湯 字企衡號郁洲行五丁未年十月初七日亥時生
平和縣儒學附生習詩經民籍何地石鼓住
始祖安撫公 宗時從將軍陳元光平寇定閩因時子弟皆其安恤閩人德之又為安撫公
二世祖遂基公 諱普成隱居清源麓下
二世祖元鎮公
高叔祖楷 前乙丑進士都察院左都御史户部尚書實加一級累吏禮二部事户部左侍郎晉理京省錢法兼工部侍郎兵刑工科左右都給事中
乾 丁酉舉人南
出國陽縣知縣
模 癸酉舉人江南吳縣知縣
曾叔祖義 一 華興 生 安 揚州副將
日謹
親曾叔祖元勳 生 夢熊 生
烈 生 增 燦 生
胞曾叔祖山 生

清刊本《登科录》

序

曾经的“中国梦”

十年砍柴

有人问过我，如果你生在二百年前，最大的梦想是什么？我毫不迟疑地回答：“当然是中进士、点翰林。”

历史若真的前溯一个多世纪，不仅是我，恐怕绝大多数读书人都有这个梦想。因为在那时候，寒窗苦读，金榜题名，进而释褐为官，是一条最为理想的成功路径，也是中国男人获得荣耀、实现自我价值最为和平、常态的路径。尽管这条荣耀之路艰难而狭窄，“一入龙门，身价百倍”的“鲤鱼”是极少数，多数鱼儿在半途中被无情的大浪所淘汰。但因为这个“龙门”对所有读书人是开放的，它是过去几千年内、全球范围内延续时间最为长久而相对公平的一种人才选拔制度。因此它影响的不仅是中国的读书人，而对一千五百年来中国的政治制度、社会结构乃至整个民族的文化心理，有着无与伦比的巨大影响。

直至今日，科举已经废除105年了，但科举和与之相关的各类名词，如：八股文、试帖诗、魁首、状元、入闱等，依然活在人们的话语中，但被赋予了新的含义。笔者犹记得在刚入小学的1977年，高考制度恢复后，我所在的那个小山村，老人们议论此事的说法是：“听说读书人又可以进城赶考了！”今日高考，其考试程序、选拔目的、培养方向与科举完全不一样，但公众乃至媒体愿意将各地考分最高的学生比附为“状元”。在各大电视台的古装连续剧中，落难公子得到富家小姐资助，进京赶考，高中皇榜，历经曲折终于和小姐完婚这类故事比比皆是，延续的仍然是传统话本和戏曲的俗套，但许多观众却欣赏得津津有味。说明这种“俗套”至今还符合许多国人的审美情趣，也可以说，中国人的“科举情结”至今犹在，还在影响着我们这个社会。

但同时，因为这种制度寿终正寝了，与之相关联的政治制度、教育制度，以及承载它的农业社会中最重要的耕读秩序，也不复存在。比起105年前，中国的各方面变化实在太大了，因此国人对科举往往是熟悉其“名”而不解其“实”。不用说寻常老百姓，即使是从事文化、教育、传媒等行业的人士，也多半不具有科举常识，如考试分几个层次、考试科目、考试程序、兴起和消亡的历史背景等。更不用说对考试的科目如八股文、试帖诗、策论等文体的基本特点有所了解了。以“八股文”为例，今日它基本上成为一个用来形容行文僵化老套的贬义词，用之者甚广，可又有几人读过一两篇甚至一两段八股文？知道何谓“破题”“起讲”“提比”“中比”？而在1905年以前，各类八股文的范文选集（即所谓“程墨”）犹如今日高考模拟试卷一样泛滥，凡决心应举业者，哪个不备有几本？

一种曾经让中国人为之狂热追捧的考试制度，几种流行中国几百年甚至上千年的文体，一下子就在这块土地上消失得如此彻底，这不应该是正常的历史演进过程，也不应是民族文化传统重要一环所遭受的命运。尽管，当下已不需要科举取士了，“八股文”“试帖诗”“策论”已没有了实际功能，但若想要对中国传统文化有比较全面的了解和中肯的评价，进而能以历史的眼光来看待过去几百年的学术变迁、思想潮流和文风士风，科举常识是绕不过的内容，而且以科举作为切入点，或许更能精准地探其脉络，导其源流。

近年来，科举又引起了文化界一些人的兴趣，在2005年科举废除100周年时，《新京报》等媒体以相当大的篇幅介绍了科举，一些有关科举的图书也接连出版。可是，媒体的热炒往往有如一阵风，风过无痕。而相关图书也多是一些业已过世的老学者的著作出版或再版，如齐如山、邓云乡、启功、张中行等，这些老先生距科举时代不远，有些甚至亲历过科举，撰文多从个人记忆出发，显得真切而有趣。但今日已距科举一个多世纪，读者的知识结构和审美趣味已有相当的变化，应该有一套以现代人的眼光来综合、全面介绍科举文化的普及型读物。藺德生、赵萍伉俪合著的《“鲤鱼跃龙门”——中国科举文化常识》丛书（五本），就是这类普及型读物。其叙述的语言风格充分考虑了现代人的阅读习惯，明白通晓，然却无穿凿附会或妄加论断的毛病，而是言之有据，持论公允。这套丛书分别从“八股文”“试帖诗”“策文”“科举轶事”“鼎甲小传”五个层面，全方位地对中国科举考试的源流、发展、特点以及对中国社会的影响做了精到的评价，知识性、趣味性和资料性兼具。

两位作者并非科举史研究的专业人士，但因为长期收集古籍，遂对科举这项中国皇权社会最为重要的制度之一发生兴趣，浸淫其中多年，收集了大量有关科举的资料，又经过数年的笔耕，才写就这五本书，可见作者态度的严肃和认真。

由收集古籍而涉猎科举史研究，这是一条很自然的路径。中国历代流传下来的古籍浩如烟海，从大的功能而言，当然是承载、传播了中华文化。但若从较为功利的角度分析，其中许多典籍是因科举而被长期重视，所以才能一代代翻印，传至后世。《四书》《五经》自不待言，即便是其他的经、史、子、集或历代王朝的诰令、律例、奏章汇编，几乎都是科举的参考书。若无“科举”这一功利性极强的制度运行近一千五百年，以典籍作为重要承载形式的中华文化能否如此生命力顽强，历久弥新，我以为要打个问号。

阅读古人写的诗文，再对照今人的行文，许多人有这种感觉：今人行文不够雅训精准。同样一件事，古人叙述显得美妙典雅，今人说出来，意思是到了，但总觉得是差点什么。如中华初民所吟咏的“关关雎鸠，在河之洲，窈窕淑女，君子好逑”，若翻译成白话文，索然无味。今天大多数的读书人，显然已不可能找回古代那种言说方式，因为这种言语交流的共同体已消失了，不能不说是一种缺憾。究其原因，当然有人会说这是白话文运动使然，20世纪初伴生于“新文化运动”的“白话文运动”，其历史功绩已受到肯定。推行白话文有利于普及教育，但白话文和古文不是非此即彼不可相容的关系，古文功底好的人，其白话文也会写得好。我们看鲁迅、周作人、沈从文、郁达夫等人的有些白话文篇章，那种意境、格调和《世说新语》及明朝人小品文很像，无古文功底的人是写不出来的。那么，白话文怎么能一下子就让古文退出国人的日常交流的话语体系呢？归根结底，还是1905年的废科举。科举时代的教育，可以说就是为参加科考准备的，而不是仅仅识几个字。如蒙学教育中要求朗读课文拖长声调，要求学生明白字之源流及其同义词，重视字的音韵，训练对对子，用《三字经》这样的开蒙读物灌输圣贤所主张的价值观……一切的一切，都有利于写八股文、试帖诗和策文。尽管科考获得功名的是少数，但这种教育体系出来的人，他们的言说行文讲究形式美、音韵美和典故的运用，论述事物注重起承转合、层层递进、余味悠长。士子是社会精英阶层，他们的言说行文风格当然就是整个社会的范式了。科举制度一废除，从西方舶来的现代教育制度在中国生根，过去那种“语言文字气场”没有了，仅仅加大语文课的古文内容是于事无补的，因为语言文字总是活在日常使用之中。

以上所说是科举制度废除对中国文化的影响，科举制度同样也对中国政治制度和历史社会发展路径产生了巨大的影响。

到了清末，面对西方技术上的船坚炮利、经济上的商品贸易全球化、政治上的民主宪政，中国社会处于“千年之未有大变局”。清帝国从鸦片战争开始，不得不进行一些变革，但洋务运动、变法维新和君主立宪等诸多举措，几乎是收效不大，反复颇多，最终失败。只有1905年的废科举改新学制算是完全成功了，而废科举的成功又反过来加快清王朝的覆亡，这是哪怕孔孟在世也难改变的历史路径。

为什么太平天国规模那么大，清朝的财政、军事几乎到了山穷水尽的地步，但王朝依然维持下去。经过所谓的“同治中兴”，到了宣统朝，朝廷的财政状况好于太平天国时期，境内也没有大规模的民变，而“武昌起义”一声枪响，清帝国就如纸房子倒了呢！原因当然是多方面的，但不容忽视的一大原因是科举的废除。参加太平天国的多是底层人士——其领袖洪秀全是秀才考不上的老童生，其他核心人员多是烧炭工，起事后遭到了以士人为核心的精英团体巨大的反击。扑灭太平天国的湘军，领导人物曾国藩、左宗棠、胡林翼、彭玉麟、罗泽南都是科举出身的士大夫（曾、胡是进士，左是举人，彭、罗是秀才）。而1905年废除科举以后，作为社会精英的读书人，相沿千百年的出路断了，而现代知识分子的专业化就业体系还未建立——如当医生、律师、职业经理、科研人员、大学教师等。于是，读书人整体和王朝离心离德，去寻求另外的出路，有的去留洋，有的进入新军——而这两批知识分子正是参加辛亥革命推翻清王朝的主力。科举废除后的一个世纪内，中国知识分子几乎天然地和“革命”捆绑在一起，其影响之深远，怎么评价都不过。

今天，我们对科举的认识和研究还远远不够，许多人还停留在简单的褒贬判断上。掌握管理社会的公权力人士的产生方式，迄今为止主要是以下四种：一种是靠选票“选出来”的制度，这种选拔制度必须建立在民主宪政的政治构架内；一种是在许多民族存在过的“生出来”的制度，如中国春秋以前，天子、诸侯、卿、大夫几乎都是世袭；一种就是社会大变动时期“打出来”的制度，如靠武力取胜，掌握权力；一种就是“考出来”的制度，如中国的科举。官员靠“生出来”，社会一定僵化无活力，寒门子弟上升通道堵塞，社会不可能繁荣稳定；官员靠“打出来”，整个社会付出的代价太大。在“选出来”的制度没有建立之前，“考出来”的制度无疑是最为公平和文明的。

如果一个社会还没有建立起一种真正“选出来”的制度，那么谁有底气否定和批判科举制度？如果一个社会已经建立起一种真正“选出来”的制度，那么也应看到，一千五百年前中国人能创建一种“考出来”的制度是多么的伟大。

愿蔺氏伉俪这套丛书能引起更多的读者对科举文化产生兴趣。这一曾经的“中国梦”，是我们民族的记忆和荣耀，岂能湮没于历史的尘埃之中！

目录

宋金故事

明代故事

清代故事

唐五代故事

托人荐举

唐朝的科考实行的是考试与推荐相结合的制度，也就是说举子们要想求得科考的资格，首先要向一些达官贵人“拜谒”“投刺”“行卷”，以此用来提高自己的威望，求得他们向主考官推荐，据说著名诗人王维就是靠着这种推荐而被选上状元的。

王维，字摩诘，太原祁县（今山西省祁县）人。他早年丧父，聪颖过人，9 岁就能作词赋，懂音律，会弹奏琵琶，小小年纪其诗作就广为流传。许多王公贵族每逢游赏宴乐时，都愿意把他请来，让他写诗奏乐助兴。他和岐王李范等人关系特别密切，有什么心里话都愿意对他倾诉。

王维虽然 21 岁就成为举子，但却怀才不遇，在以后的科考中连连受挫，几次落第。唐玄宗开元九年（721）春，新一轮的科考又开始了，应试之前，他得知公主已和主考官打好招呼，预定名士张皋为状元。对此他颇为不满，既为自己多年屡考不中而懊丧，又为这次让人捷足先登而怨恨。情急之时，他找到岐王李范，请他帮助打通公主的关节。

岐王深知王维的苦衷，表示尽自己所能帮他这个忙，并向他面授机宜说："听说公主这几天要在宫中设宴，你挑上几首好诗带在身旁，再用心谱上一首新曲，然后装扮成乐师，我领你碰碰运气。"五天之后，他身穿锦绣之衣，随岐王拜见公主，一曲新谱的《郁轮袍》弹奏得如行云流水，哀婉之音绕梁不绝，满座皆惊，公主也称羡不已。紧接着，王维又献上几首诗作，更让公主赞不绝口。公主惊叹地说："此早已熟读之诗，原以为古人佳作，岂知竟出自你之手。"然后请他坐上座。

岐王一看到了火候，便乘机将王维应考并请公主保荐状元的事儿说了出来，想不到公主非常爽快地答应了，并声称：如果王维做状元，是本科和朝廷的荣幸。事后公主重新向主考官推荐，王维终于如愿以偿地获取了唐玄宗开元九年辛酉科"状元"的称号。

发愤苦读

有一个"萤窗雪案"的成语，说的是利用萤火虫的光亮和雪的反光阅读书籍。在唐代，也有这样一位读书人——崔曙，夏天为了节省灯油钱，他曾跑去门外的稻场上用纱罩捕来许多萤火虫，用来照明读书。最后，工夫不负有心人，他终于金榜题名，成为一名让人羡慕的状元。

崔曙在他很小的时候父母就去世了，家里非常贫困，他孤身一人四海为家，到处流浪。为了参加科考，他就栖居在嵩山的山坡上，发愤苦读。冬天寒冷时，他为了御寒，经常把夏天穿的衣服找出来裹在腿上和脚上。正是这种贫困交加的苦难生活，磨炼出他顽强拼搏的意志。

当时的科考有制科（根据皇上旨意临时设立的科目）和常科两项。常科包括许多科目，而经常采用的科目有明经和进士。比较而言，进士科目最难应付，因为录取的比例非常小，往往只占应试者的百分之几，而且诗赋是进士考试的主要科目。除此之外，还得有达官显贵的荐举。崔曙成年以后来到京城的目的，就是一方面努力备考，另一方面想方设法寻找关系，以求贤达的保荐。

唐玄宗开元二十六年（738）科考开始后，他便通过关系把自己的得意之作《明堂火珠》诗，送给当时的主考官礼部侍郎姚奕。诗中写道：

正位开重屋，凌空出火珠。
夜来双月满，曙后一星孤。
天净光难灭，云生望欲无。
遥知太平代，国宝在名都。

姚奕觉得诗写得好，特意把它推荐给唐玄宗，尤其是“夜来双月满，曙后一星孤”之句颇得唐玄宗赞赏，当即御批第一，崔曙一举中了状元。

严惩不贷

封建社会的君主历来都有“明君”“昏君”之别。就“明君”而言，为了维护其封建统治，确立其科举考试的严肃性，对各种徇私舞弊现象只要查实，一般来说都是严惩不贷的。历史上的唐玄宗就可以称得上这样的明智之君。

唐玄宗天宝二年（743）就曾发生这样一件事：宋遥与苗晋卿两个人都是吏部侍郎，都参与吏部选拔官员的组织工作。让他们意想不到的是，掌管监察的首脑人物、御史中丞张倚的儿子张奭也在应考者的名单中。两个人心里明镜儿似的，张倚可是皇上面前的受宠之臣，如果其儿子不被录取，肯定不会有他们的好果子吃。于是，两个人一拍即合，决定让人代作判词，这样张公子不仅被录取，而且还列为优等。

张公子被录取之后，不久便东窗事发。这件事终究被落榜的人揭发出来，而且直接捅到了宠臣、担任范阳节度使的安禄山那里。安禄山当然不敢怠慢，很快把这件事报告给唐玄宗。当时，唐玄宗非常气愤，为了验证其揭发是否真实，他很快就下令把所有入选的人统统召来进行复试，并亲自在花萼楼监试，结果这样一复试，一些人的马脚便露了出来。最后的结果是合格者不足百分之十，张奭更是狼狈不堪，憋了整整一天硬没写出一个字来，没办法只好交了白卷。

事情水落石出以后，唐玄宗震怒，他怎么能允许朝廷中有这样的势利小人，为了巴结权贵极尽取悦献媚之能事坏我朝纲呢？于是，他把宋遥与苗晋卿两个人贬官并流放到外地，对其他参与其事的人也区别情况作出了严肃的处理。

竹篮打水

“进士”一词的来历可谓源远流长，起初它不过是选拔优秀人才供朝廷任用中的一个词汇，后来到了隋唐时代，就变成科举中的一个科目了。而进士科在诸科中名声是最为响亮的，读书人即便是平步青云走上仕途，但如果没有获得过进士，也引以为终身的遗憾。

唐玄宗时，有一个名叫王如泚的读书人，他一门心思考取进士。

他的岳父由于能歌善舞，很受玄宗皇帝的宠幸。有一次，唐玄宗主动提出要提升他，他在感谢皇上知遇之恩的同时，谢绝了这番好意，同时向皇上提出可否赐给自己的女婿王如泚一个进士及第？让他没想到的是，皇上不加思索随口就应许下来，并命礼部具体负责执行。

当时礼部是负责科举考试的主管部门，具体负责这个事的官员觉得这个事儿挺棘手，无奈之际，他便向宰相李林甫请示。李林甫也一时拿不定主意，他觉得皇帝如果施行恩惠，可以恩赐他官职，而不应该给他进士及第。想到此，他当面向玄宗皇帝陈述了自己的想法，唐玄宗一听，也觉得李林甫说的有道理，但一时还想不出更好的补救办法，便暂时没表示明确的态度。

王如泚从岳父大人那里知道皇上赐给他一个进士及第的消息后，再也按捺不住内心的喜悦，便很快把这件事儿张扬出去。一时间，道喜的亲戚朋友纷至沓来，家里大宴宾客，门前车水马龙，呈现出一派喜气洋洋的景象。正在大家酒酣耳热之际，门前突然传来了皇帝的新圣旨，命王如泚按照规定参加科举考试。于是，大家你看看我，我看看你，弄得王如泚非常狼狈。他呆呆地站立在那里，一句话也说不出来，贺喜的人也只好悄无声息地离开了。

由此可见，在封建科举时代，就是靠皇帝的面子，想捞取一个“进士”的头衔也不是那么容易的。

自信考生

按理说，科考的考场纪律应该是相当严格的，但历朝历代也不尽相同。唐代宗大历十二年（777）丁巳进士科的考场纪律就不那么严格，对没有什么正当理由而迟到的考生，依然允许参加考试。而就是这样一个考生，由于非常自信，居然考取了状元。这个考生的名字叫黎逢。

黎逢诗赋俱佳，尤其是其赋更为人称道。大历十一年（776），他来到长安，与著名诗人韦应物关系处得非常好，两个人经常在一起吟诗作赋，相互唱和。第二年，他报名参加进士科考试。懒散惯了的黎逢虽然明天就要参加考试了，但头一天晚上仍然和一些朋友在一起酗酒作乐。由于睡得晚，第二天早上说什么也起不来了。天都大亮才爬起来，随便吃了一点东西，就急三火四地跑到考场。可是他来到考场时，还是迟到了，考试已经进行多时了。

当时的主考官是唐玄宗天宝十四年（755）状元常衮，开考后，当他听说有一名迟到的考生坚持要参加考试时，便命人把这名考生带上前来。黎逢见到主考官后，深深地作了一揖，上气不接下气地说："大人，你还是让我先考吧！有我参加此科考试，最后你一定会满意的。"常衮听他这么一说，心想，真是来者不善——好大的口气，我倒要看看他有多大的本事。于是，就答应他先去考试。可是他转念一想，就这样让他参加考试，别人会不会说三道四呢？如果增设席位，会不会影响别的考生？最后，他指指脚下说："你就在这儿考吧。"

当时考的是命题作赋，题目是《通天台赋》，这正是黎逢的长项。他坐下来以后，以"洪台独存，浮景在下"为韵，神情专注地写起来。主考官感到很惊奇，便令人在一旁观看，并交代说："你看他怎么写的，写一句你告诉我一句。"一开始，常衮倒没觉得怎么样，越往后写越觉得写得精彩，到最后简直让他目瞪口呆了，不由得一个劲地啧啧赞叹。

最后，黎逢真的考中了状元。

误入府第

进士科考试是封建社会读书人步入官场的必由之路，但有的读书人也可能在不经意间就独占鳌头。

唐德宗贞元年间，有一个才华出众的书生牛锡庶，屡次科考都不及第。有一次，他因躲避朝官不经意间误入一家官宅，这家官宅的主人就是礼部尚书萧昕。

此时的萧昕已步入老年，家里平时很清冷，也很少有人来。突然有一位陌生人走进来，他喜出望外，非常客气地把牛锡庶引入厅堂。当时牛锡庶在这位和蔼可亲的老人面前不知所措，他也不知道这位老者姓甚名谁，于是偷偷地问他家里的仆人，才知道他就是大名鼎鼎的萧尚书。

牛锡庶知道老人的身份后，对老人更是毕恭毕敬。交谈中，老人提出让他拿出身上的文卷一阅，老人边看边频频点头，不由露出惊叹的神情。紧接着老人问道："不知外面怎样议论，明年由谁主持考试?"牛锡庶回答说："萧尚书办事公道，肯定由您主持这场考试。"萧尚书说："来年要是我主持这场考试，你就是状元了。"牛锡庶受宠若惊，一再表示感谢。正在这时，外面突然传来"尚书知举"的消息，牛锡庶又一次拜谢知遇之恩。萧尚书笑呵呵地说："我一定会说到做到。"

第二年春天，牛锡庶果然在萧尚书主持的唐德宗贞元三年（787）丁卯科中状元及第。

当仁不让

唐德宗贞元年间，有一位名叫尹枢的读书人，虽然文名甚高，但一直没有参加进士科考求取功名。直到70岁时，他才参加了贞元七年（791）辛未科的进士考试。

当时的主考官是礼部侍郎杜黄裳。他为了体现公正，三场考试完毕后，对在场的五百名举子说："诸位学士都是当代才子，怎么就没有人能帮我一把？"听了他的话，大家如同丈二的和尚——摸不着头脑，你看看我，我看看你，谁也没作出反应。过了一会儿，人群中突然站出一个人来，大家一看，竟是一位步履蹒跚的老者。只见他走上前去问道："不知您有什么吩咐？"杜黄裳说："没有人写榜呀！"尹枢说："我愿意帮助您！"于是杜黄裳递给他纸笔。尹枢提起笔来遂一题名、唱名，从头到尾，全场鸦雀无声，心里默默地叹服主考官办事公道。

唱到最后时，唯独缺少考中状元的名字。杜黄裳问道："写谁好呢？"尹枢当仁不让地说："非老夫不可！"听了他的话以后，杜黄裳不由大吃一惊。可又一细想，不写他能写谁呢，于是就点头默许了。

就这样，这位70岁的老人终于考取了状元。

风气之先

福建泉州自古就是人文鼎盛之乡，那里的人依恋家乡土地的肥沃和“山泉禽鱼之乐”，历史上很少有人愿意走出去求取功名。唐德宗贞元八年（792），这里却出了一个令人仰慕的进士。从此之后，这里参加科举考试的人才越来越多起来。这个进士就是壬申科贾稜榜探花郎欧阳詹。

欧阳詹从小就勤奋好学，又有独到的见解，所以学问日见增长，在乡里之间小有名气。欧阳詹本无心科举功名，想长期在家读书，奉养双亲。后来因为双亲严命，亲友激励和常衮、席相等长官的鼓励，才决心参加科举考试。贞元元年（785）他满怀“射百步期必中，飞三年而必鸣”的信心，经过艰难的长途跋涉，来到京师准备参加进士考试，就当时而言，这是泉州士子前所未有的举动。

在京师长安，欧阳詹苦苦等了六年。这六年，他借钱租房读书，生活穷困。工夫不负有心人，经过艰苦的努力，欧阳詹终于与当时著名青年文士贾稜、韩愈、李观、崔群等二十二人同登金榜。欧阳詹中进士对福建产生了深远的影响。闽南考中进士，从欧阳詹开始。明代理学家蔡清为《欧阳行周文集》作序时认为，欧阳詹中进士后，福建文士才开始向慕读书，儒学风气开始振兴。欧阳詹的影响绵延不绝，传到杨时、李侗辈，分河洛之派；传到朱熹，正学大明，道统有归。

欧阳詹及第后曾感叹：“予待试京师，六年及第，归觐故园。”其《及第后酬故园亲故》诗云：

才非天授学非师，以此成名曩岂期。

杨叶射频因偶中，桂枝才美敢当之。
称文作艺方惭德，相贺投篇料愧词。
犹着褐衣何足美，如君即是载鸣时。

欧阳詹是泉州历史上的第一个进士，自从他高中后，泉州士子都感到莫大荣耀，受到了极大鼓舞。从此以后，闽南读书人参加科举考试蔚然成风。

咎由自取

有一句谚语："越是成熟的麦穗，头垂得越低。"它可以引申为真正有知识的饱学之士，往往都是谦虚谨慎的。相比之下，越是浅薄之人，一旦取得一点成绩，便翘起了尾巴，目空一切，高傲得谁也看不起，这样的人早晚要吃大亏。《太平广记》记载了这样一件事儿，不失为狂妄之人的一服清醒剂。

唐代有一个读书人叫陈通方，在唐德宗贞元十年（794）即他25岁时考取了进士。虽然没进入鼎甲之列，但也排了个第四名。按理说，为此而高兴也是情理之事，可是陈通方几乎是得意忘形了，本来平时就对谁也不服气，这回考取了进士更是目中无人了。与他同榜登第的有一位老者叫王播，已经是年近花甲的老人了，从年龄上说，应称得上陈通方的父辈，可是在新进士聚会的时候，陈通方居然拿这位老人寻起了开心，当着大家的面儿对老人拍拍打打，嘲弄似地说："王老、王老，送你个进士及第。"王播虽然心里不高兴，但在大家面前也没有表现出来。

过了一会儿，正在大家议论着今后打算怎么办时，王播表示自己准备再参加几次吏部的选官考试。王播的话音刚落，又遭到陈通方一番奚落。一而再、再而三地挑衅，老人气得浑身直哆嗦，却说不出话来。气愤之余，老人暗暗下定决心，心想：我虽然年龄比你大，但一定能超过你这样的轻佻之人。过了不久，陈通方的父亲过世了，按照当时的规定，他必须回乡守孝三年。也正是在这三年时间内，始终憋着一股劲儿的王播连续三次参加考试，都取得了令人瞩目的成绩。

等到陈通方三年之后脱去孝服的时候，王播已经是有权有势的朝廷官员了。而这个时候的陈通方正在京城应试，也想能谋求一个让自己满意的职位，为了达到这个目的，他到处寻找关系，多方打通关节，可还是处处碰壁。万般无奈之际，他找到了王播，王播一想到他当初的狂妄，实在不愿意帮忙。后来陈通方又通过别人再一次找到王播，王播总算给了他面子，安排他到江西做一个地方的小官。可就在他赴任的途中，又决定让他上浙东，刚起程不久，又让他去南陵。几经折腾，陈通方终于明白了这是怎么回事儿，后悔之余也想找到王播以表歉意，但此时他已经不是随便的就能见到王播了。王播的官儿越做越大，而陈通方却只能是空怀惆怅、郁郁成疾，不久就撒手人间了。

陈通方的际遇确实是很悲哀的，但人们却很少对他给予同情，因为苦酒是他自己酿制的。

湛郎及第

唐德宗贞元年间，江西宜春有两位文士，一位叫彭伉，另一个叫湛贲。彭伉，今袁州区下浦街道厚田人，出身世家，宜春著名隐士彭构云的孙子，历官石泉令、岳州录事等。贞元七年（791），彭伉高中进士荣归故里后，家中立即贺客纷至、喜气盈门，堂上高朋满座，厅前鼓乐齐鸣，一队队达官显贵花团簇锦，一群群亲朋好友喜笑颜开，真是好不热闹。

唯独连襟湛贲备受冷落，论亲眷辈分和宜春风俗，他都应该在首席有一个座位的，只是湛贲出身微贱，当时只在宜春郡衙门为吏，彭伉本来就瞧不起他，现在自己中了进士，更是高傲自大，就冷冷地安排湛贲夫妻在后面厢房就餐。湛贲甚为愤慨，食不下咽，舌不辨味。湛妻张氏趁机好言相劝，激励他说："大丈夫应自振励，不应长困辱如此。"从此，湛贲发愤读书，勤奋苦学，终于在贞元十二年（796）高中进士，比彭伉考得更加出色。湛贲登第后，曾以江阴县主簿权知无锡县事，后为毗陵太守。他孜孜不倦，奋发攻读终获及第的佳话，成为宜春学子、街巷居民、村民农妇茶余饭后的美谈。

捷报传到宜春，亲友邻里奔走相告。当消息传到彭伉耳里时，他正骑着毛驴路过赤板桥，一听湛贲也高中进士，自惭过去狂妄过甚，顿时愧悔交加，惊叹一声，从驴背上滚落下来。由此，"湛贲及第，彭伉落驴"的佳话就在宜春传开了。有好事者索性把赤板桥改称"落驴桥"，还将城东一条巷子取名为"落驴巷"。

歌行体古体诗《湛郎怀古》淋漓尽致地记述了这件事。诗云：

城之东，袁之阳，宿昔有桥名湛郎。
问郎何以桥不朽？当年郡吏非寻常。
连襟彭伉题名早，广罗名士坐中堂。
怜郎阁后无兼味，侧耳笙歌竟如沸。
譬若神驹伏枥鸣，伯乐不能吐其气。
倏忽旋空冀北群，变吏为儒刚且毅。
坐间名士尽茫然，阁后书生宫锦衣。
嗟哉彭伉意何如？闻之失声反坠驴。
贫时相识不相好，富贵崇朝惊绝倒。

君不见，仰山翠耸与天邻，秀水滩高锦浪频。
云物卷舒无定态，胡为胆落水之滨？
呜呼，水滨久泛坠驴客，我过此桥空太息！

知错就改

唐德宗贞元十二年（796）丙子科状元李程是一个幸运者，放榜时，状元的桂冠明明不属于他，最后居然戴在了他的头上。从根本上说，这得益于正直主考官闻过即改之举。

李程是唐代宗室，参加进士考试时，主考官是礼部侍郎吕渭，试题是《日五色赋》，当时科考的体裁一为律赋一为律诗，都是命题作文。律赋就是格律化的赋，讲求对仗和声律，并限定表示立意要求的韵脚字，一般为四言四句八字，限定八韵。这对李程来说，可谓轻车熟路，没用多长时间，一篇律赋就写出来了，而且自己觉得非常满意。

走出考场时，他遇上了员外郎杨於陵。杨於陵询问他考得怎么样？李程从靴子里掏出应试的草稿，杨於陵一看草稿的破题有“德动天鉴，祥开日华”之句，便连连迭声地称赞说：“恭喜你了！今天的状元就是你了。”听了他的话，李程嘴上没说什么，但脸上露出了笑容，心里也美滋滋的。

可是第二天发榜时，状元的名字根本就不是李程。杨於陵听到这个消息以后深觉不平，他拿出李程答题的草稿，找到主考官吕渭，一边让其看这篇草稿，一边向其发问：“当今场中若有此赋，侍郎何以待之？”吕渭回答说：“无则已，有即非状元不可也。”杨於陵接着说：“侍郎已遗贤矣！此乃李程所作。”然后他让李程走向前来，当面再写一遍本卷，结果一字不差。吕渭大吃一惊，当即与杨於陵商议上奏皇上，重新拟榜，拔李程为状元。

新榜张贴出来以后，人们无不称赞杨於陵的仗义执言和吕渭的知错就改，特别是大家知道李程律赋的具体内容之后，更是称颂朝廷选拔人才的公平公正。

美梦成真

日有所思，夜有所梦，这是民间的一种说法。在封建社会的科举时代，好多读书人临近应考之前，就愿意托一个能够高中的美梦，这似乎也能使自己增强一点必胜的信心。据《前定录》记载，唐宪宗元和五年（810）庚寅科李顾行榜的探花陈彦博临考前一年，就做过这样一个预示着自己有好征兆的美梦。

本来陈彦博与谢楚同为太学广文馆的生员，在他取解之前，有一天突然做了一个梦，他在梦中走进一座公堂，只见那里陈设特别讲究，好像是在举行什么大型的庆典。庭中帐幔华丽，装饰锦绣，中间设立一榻，几案陈列，上面摆放一个信笺，抬眼望去，上面的字金光闪闪。他私下里向管事儿的人问：“这是准备什么典礼呢?”那个人回答说：“陈列的是明年进士名录，这里是准备送上界官司审视之所。”

陈彦博听到这个消息后，惊喜万分，并请求亲眼看一看。这个管事的人把他领到一旁，见有一个穿着紫色衣服的人，手里拿着象简，陈彦博看见他后不由得停止了脚步。这位穿紫色衣服的人说：“名录上有你的名字，你可以自己去看。”陈彦博走上前去，一看共有三十二人，自己的名字也在其中，又仔细地看了看，发现并没有谢楚的名字。于是，他心中暗自欢喜，也没有把这个消息告诉任何人。

第二年，到了与谢楚同过策试这一关以后，有一个从丞相处见过录取名录的人，把究竟名录上有谁悄悄地告诉了谢楚。陈彦博听说这件事以后，心想肯定是没有自己，便饭也不吃地落下泪来。谢楚劝慰他说："你的才能哪能在我之后呢？就是真的没有被录取，也不至于这样啊！"直到这时，陈彦博才说出自己做梦的事情，并且说："如果我的梦不灵验，以后也就没有什么指望了。"

等到第二天揭榜，他走向前去一看，正如梦中所说的那样，他真的考取了进士，并列在第三名。

忠厚得福

在科举取士的过程中，荐举人所起的作用非同小可，这是唐朝科举制度的一个特点。因为在录取时，主考官总要优先考虑高官显宦的荐举之人。

唐宪宗元和六年（811），李固言入京参加进士科考试。他从小生在农村，养成了一种憨厚朴实的性格，冷不丁走进京城，无依无靠。没办法，他就住在表亲柳氏家中，目的就是通过表亲的关系，将自己的诗文作品呈交于有身份的达官贵人，先求得他们的赏识，然后再经他们荐举，这样才有可能中第。然而，表兄表弟都是势利小人，因为他是农村人，所以很瞧不起他。但碍于情面，又不能不管。于是，特意让他先拜官职低微的许孟荣，请他帮助荐举。

许孟荣受到如此的敬重，羞愧难当，他直言不讳地说自己人微言轻，难以承担重托。推辞之余，他愈发觉得李固言这个人忠厚老实，必成大器。虽然对他暂时不能荐举，但这个年轻人给他留下了非常好的印象。谁也不会料到，第二年许孟荣升为兵部侍郎，并被任命为主考官，也正赶上李固言投考。许孟荣一看李固言的考卷答得也不错，加上对他早有好印象，就顺理成章地把他录取为唐宪宗元和七年（812）壬辰科状元了。

慧眼识才

卢储是唐宪宗元和十五年（820）状元，说起他进士及第这件事，还有一段非常浪漫的故事。

为了金榜题名，卢储提前一年就来到京城。不久又向尚书李翱投卷，请李尚书帮助举荐。对这个登门造访的年轻人，李翱出于礼貌，热情接待。可是客人刚刚坐定，李翱因为有急事需要外出，便急匆匆地走出家门。卢储没办法，只好掏出诗文摆放在案头上，耐心地等待着李翱的归来。

这时，屋里走出一位美貌少女，很腼腆地拿起案头上的诗文，认认真真地阅读起来。原来这位少女是李尚书的千金，年方15岁。她一连看了好几遍，越看越觉得爱不释手，并随口对身边的侍女说："此人必为状头！"这句话正好被赶回家门的李翱听见，不由得惊异不已。后来出于爱才惜才之心，他让其下属传话，向卢储表明李尚书有招婿之意。一开始，卢储婉言谢绝。过了一段时间，他经过慎重考虑，还是把这桩婚事答应下来。

第二年，卢储果真如愿以偿，成为唐宪宗元和十五年庚子科进士第一人。为了答谢李千金的知遇之恩，他履行诺言，很快与其完婚。洞房之夜，他欣喜万分，作了一首催妆诗《试经赴嘉礼催妆》以抒情怀。诗云：

昔年将去玉京游，第一仙人许状头。
今日幸为秦晋会，早叫鸾凤下妆楼。

友谊第一

白敏中是唐穆宗长庆二年（822）壬寅科的状元，他和许多读书人一样，金榜题名是他梦寐以求的理想。但他在求取功名和珍重友情发生矛盾时，他最终还是选择了后者。他的高尚情操不但使其两全其美，而且一时传为佳话。

他在应进士科考试时，得到了主考官礼部尚书王起的赏识，其想把他录取为状元。但有一点王起一直耿耿于怀，他非常讨厌与白敏中一起应考又是白敏中好友的贺拔惎。于是，王起托人给白敏中捎话，说如果与贺绝交，状元非他莫属。当时，白敏中尽管很不情愿，但还是勉强答应下来。

后来，贺拔惎来找他时，一开始他避而不见，贺拔惎便很知趣地离他而去。好友一走，他心里又很不是滋味，随后又让身边的人将其追回，并以实情相告。他意味深长地说："即使不中第又怎么样，我不能因为这件事情疏远了朋友。"贺拔惎听了他的话，非常受感动。两个人开怀畅饮，共叙友情，到了晚上同席而卧。

王起很快知道了这件事，他羞愧难当，由衷地感叹道："我辈只得白敏中，今更取贺拔惎矣！"最后取白敏中为进士及第第一名，贺拔惎也同登甲科。

诱出一贤

在封建社会，一些正直贤达的官员从朝廷的利益出发，也是唯才是举的。唐穆宗长庆年间就有这样一位中书舍人，为了网罗人才不惜用激将的方法诱惑，多少年来为人们所称颂。

李宗闵曾做过宰相，一次他听说庐山聚集着四个年轻人，且四个人都非常有才气，名字分别叫李群、杨衡、符载和王简言。四个人来庐山隐居之后，自称为“山中四友”，他们尽管各有专攻、参差不齐，但是诗赋写得都很精美，而且他们共同的爱好就是结识四方贤能之士，被当地的山民广为赞许。李宗闵当时任中书舍人，他听说这档子事以后，在羡慕之余说了这样一番话：“倘若以后我能做主考官，替朝廷选拔进士、挑选状元，这四个人我一定让他们当状元。但有一点，他们只能一年来参考一个，如果四个人一起来，我就按他们到京城的先后次序来选拔。”

不久，这番话就像长了耳朵一样，很快传到了庐山。别人倒没有什么反应，唯独李群动了心思。他想既然朝廷需要，为什么不去试一试呢？如果有机会的话，一定不能放过。说起来，也真是天遂人愿。转眼到了第二年二月，唐穆宗长庆四年（824）甲辰科进士考试开始了，这一年的主考官果真是李宗闵。听到这个消息以后，李群立刻从庐山赶到京城，他来的目的也是想检验一下李宗闵说的是不是实情。

可是毕竟路途遥远，他紧赶慢赶，来到考场还是迟到了，不仅不见一个人影，而且贡院的大门已经被锁上了。

既然来了，他当然不能轻易地离开，也顾不上那么多了，“咣咣”地敲起大门来。敲了好半天总算把门敲开了，开门的人不耐烦地问：“你有什么事儿?”李群红着脸说：“我就是主考官李大人曾经说过的‘山中四友’中的李群，麻烦你给传一下。”开门的人将他上下打量了一番，然后说：“你别着急，我和大人通报一下。”说完扭身回到门里。李宗闵一听说“山中四友”的人真的来了，顿时掩饰不住内心的喜悦，心想：太好了，终于诱出了一个贤人。于是，他喜形于色地说：“快请进来!”可是冷静之后又一想，李群毕竟迟到了，超过了开考的时间，正在他犹豫不决之时，他突然想到前几年有黎逢科考迟到的先例，于是按照惯例便允许他参加了本科考试。

几天后揭榜，人们惊奇地发现，李群果真考取了唐穆宗长庆四年（824）甲辰科状元。

闪光一笔

状元是中国科举制度中的最高荣誉。在封建社会，一个读书人一旦考取状元，是最令人羡慕不已的殊荣。可是在唐代大中年间有这样一位状元，自己考中了状元，不仅没有沾沾自喜、得意忘形，相反却惴惴不安，言恳意切地自责起来，表现出一个正直知识分子的光辉品格。这个人的名字叫李郃。

在唐宣宗大中元年的这场科考中，刘蕡“耿介嫉恶，言及俗务，慨然有澄清之志”（见《旧唐书·刘蕡传》)。于是他在考试时，上试策万余言，对当时的社会弊端进行了无情的剖析和批评。当时冯宿、常侏涑和庞严为主考官，都是名重一时的文士，对刘蕡的策论极为赞赏，也曾有人慨叹：“汉阙陈书，侃侃忠言推贾谊；唐廷对策，岩岩直谏有刘蕡。”遗憾的是，由于宦官当道，这些主考官哪个都不愿意与宦官结怨，没办法，只能忍气吞声，默默屈从。结果，本应摘取状元桂冠的刘蕡落选，而把李郃拔为状元。

对这件事尽管有许多人背地里为刘蕡鸣冤叫屈，但谁也不愿意拿着鸡蛋往石头上碰。也只能是怨声载道、摇头叹息。然而，谁也不会想到第一个挺身而出为刘蕡伸张正义的，竟然是这次科考的最大受益者李郃。因为他曾经读过刘蕡撰写的策论，觉得自己能考取本科状元，是自己乃至这批中进士人的耻辱，并愤慨地说："刘蕡下第，我辈登第，实厚颜矣!"接着又上疏，请求朝廷把自己所授的官职让给刘蕡，这件事虽然没有如愿，但人们对于李郃的高风亮节给予高度的赞扬。当然，他也为此事得罪了那些宦官，从此以后无人再敢重用他了。

但不管怎么说，李郃这种求真务实的可贵品质，在中国的科举史上留下了闪光的一笔。

取之无道

在科举时代，大凡能考取状元的人，绝大多数都是一些真才实学者，好多人把寒毡坐透，将铁砚磨穿，倾尽毕生的心血，最后才摘取状元的桂冠。但也有个别心术不正之人，不在勤学苦读上下功夫，而是靠歪门邪道获取功名，居然也堂而皇之地中了状元，为正直人所不齿。其中最有代表性的人物就是裴思谦。

裴思谦，字自牧，绛州闻喜（今山西闻喜）人，平素与观军容使宦官仇士良的关系特别密切。唐文宗开成二年（837），裴思谦参加丁巳科进士选拔考试。当时的主考官为礼部侍郎高锴，在考生中他发现李肱相当出类拔萃，对其的诗赋极为赞赏，欲拔其为本科状元。正在这时，裴思谦拿着仇士良推荐他为状元的信找到高锴，这下子可让高锴犯难了。他知道仇士良非等闲之辈，也是得罪不起的，可答应他吧，又实在想不起来他有什么才能。再者说了，自己头一年主考就如此趋炎附势，这有悖自己做人的准则。

正在他左右为难的时刻，无意中看了一眼递信之人，正跷着二郎腿在那儿晃动着，一副漫不经心的样子，他心想来的人一定是裴思谦的家人或者一般的听差。于是，他把信朝桌子上一放，说："对不起了，今年的状元已经报皇上确定了。"听了高锴的话，裴思谦气急败坏地说："今年既然这样也就算了，可是明年只要你是主考，就必须取裴思谦为状元。如果你不是主考，裴思谦也一定被取中状元。"说完便气咻咻地扬长而去了。听了他这番趾高气扬的叫嚣，高锴没理他，心里暗暗地说："真是势利小人，狗仗人势。"

第二年，高锴仍然当主考官，这个裴思谦真的厚颜无耻地又来了。这回他更加咄咄逼人，双手托着推荐信捧在高锴面前，不软不硬地扔下一句："仇军容有信札，荐裴思谦。"高锴阅后说："状元已有人，此外均可合军容意。"裴思谦摆出一副无赖的样子，马上说道："这么说你已经背着皇上许下什么人了？"高锴觉察到自己口误，正想向他解释，可是已经来不及了。他马上抢白着说："卑职奉军容之命，裴思谦非状元不可。"高锴无奈地说："如此说来，我毕竟得亲眼见一见裴思谦吧！"裴思谦洋洋得意地说："卑职便是，我们去年不是已经见过了吗？大人真是贵人多忘事啊！"话说到这个分上，高锴一切都明白了。

不出所料，几天后裴思谦真的成了万众瞩目的唐文宗开成三年（838）戊午科状元。他中状元后，周游狎妓，赋诗自夸，气盛一时。

屡试不爽

翻开一部中国古代科举史，好多读书人在不同类别的考试中，只要是取得优异的成绩，往往都要罩上一层浓厚的神话色彩，有的甚至包含封建迷信的成分。唐敬宗宝历年间河南荥阳的读书人郑复礼考取举人的事儿，就让人有一种扑朔迷离、将信将疑的感觉。

郑复礼在刚参加科举考试的时候，十次应进士举都没有考中，陷入艰难窘迫的境地。后来听说千福寺有个叫弘道的和尚，他白天关门睡觉，晚上去阴间办事，十个人找他算命，有八九个被他拒绝。郑复礼悲痛欲绝的时候，便选择了一个吉日，吃斋沐浴后去千福寺等候向弘道和尚请教。

弘道和尚看上去挺平易近人，非常温和地对他说："我从来没有将天机泄漏给别人，今天你怀着屡试不中的沮丧心情来找我，让我拒绝你真的是有点于心不忍，你只要继续努力，就一定能功成名就。至于说你考中成名的时间，必须有四件事作为条件，然后才可以实现你的心愿。四件事，缺少一件也不行。在此之前，还有一个条件，就是你们骨肉至亲相继考中三榜。三榜之前，你要想中榜难如登天；三榜之后，你要想中榜易如反掌。"

郑复礼惊呆了，过一会儿，他又问是哪四件事。弘道迟疑了很久才慢慢道来："第一件，必须是改变年号的第二年；第二件，必须是礼部侍郎再次主持科举考试；第三件，考中第二名的必须姓张；第四件，同年参加考试的必须有排行第八的姓郭的举子。四件事少了一件，便功亏一篑，不能成功。你的弟弟、侄子依次中榜，顺序必须如此。"

郑复礼虽然很怀疑他的说法，但是仍然很有礼貌地表示感谢之后离开了这里。唐穆宗长庆二年（822），有人将他的名字推荐给主考官。郑复礼因为主考官不是第二次主持考试，对结果没有信心，果然没有考中。直至改国号为宝历的第二年，即唐敬宗宝历二年（826），杨新昌再次担任主考官，但郑复礼只暗自高兴，没敢对别人说。第二年春天其果然中榜，第二名果然姓张，叫张知实。同时参加考试的有个郭八郎，名叫郭言扬。郑复礼感叹很久，并将此事记录下来，且自言自语地说：弘道说三榜的顺序必须这样，一榜已经够奇怪了，怎么能再有一次，并且还有第三次呢？

下一年该轮到已故的尚书右丞韩宪参加科举考试了。唐文宗大和二年（828），科举考试的规模非常大，因为主考官不是第二次主持考试，他果然没有考中。后来又参加大和九年（835）的考试，也只差一点没有考中。直到改国号为开成的第二年，即唐文宗开成二年（837），高锴再次担任主考官，韩宪果然高中。第二名叫张棠，同时参加考试的有个郭八郎，叫郭植。郑复礼又将这件事记录下来。

三榜虽然还差一榜，但两榜都被弘道说对了。郑复礼在家里说："难道真像弘道说的一样？"这时弘道已经是不知去向了，而下次该轮到已故的驸马都尉郑颢参加科举考试了。时机非常巧合，等到改国号为会昌的第二年，即唐武宗会昌二年（842），礼部侍郎柳璟再次主持科举考试。这次，郑颢考中了头名状元。第二名叫张潜，同时参加考试的有个郭八郎叫郭京。证明了弘道和尚所说的一点不差。其中，张知实、张棠、张潜分别为唐敬宗宝历二年（826）丙午科裴俅榜、唐文宗开成二年（837）丁巳科李肱榜和唐武宗会昌二年（842）壬戌科郑颢榜的进士第二名。

死记硬背

古往今来，凡是有志于应考的人，都免不了要下点“死记硬背”的功夫。但实践证明，虽然在某种意义上“死记硬背”是必要的，可是单纯地靠“死记硬背”往往又事倍功半，达不到预期的效果，必须在“死记硬背”的基础上学会融会贯通，才能达到举一反三、触类旁通的目的。

在唐代，无论你在科考过程中取得什么样的优异成绩，即便是考中了进士、明经，也只能算是有了考取官员的资格，而要真正地步入仕途，还必须通过吏部的选拔考试，这种考试又称为“释褐试”。通俗地说，也就是布衣换官服的考试。这种考试的内容无外乎四个方面，即身、言、书、判。具体地说，要求五官端正，口齿清晰，楷书工整，判词通达。其实最叫劲儿的是判词这张答卷，往往都是举出一二个案例让考生去分析，并写出判决词来，通过实际分析来检验考生的思维及处理政事的能力。

应该说，要想顺利的通过试判考试是一件很不容易的事情。应试者往往要做大量的这方面的练习，往往都是靠着“死记硬背”在应考时生搬硬套，有的人甚至闹出许多笑话。当时有个叫沈天荣的读书人，为了应付考试，他事先背诵了二百多篇判词，可是到了考场上以后却一篇也没有用上，憋了半天一个字也写不出来，最后只好交了白卷。事后有人替他惋惜，便问他究竟是怎么回事儿，他直言不讳地说：“试题中的案情与我背诵的案例都不一样，就有一个像一点的，可是人名还是不一样。”旁边的人听了他的话，心里暗自乐开了花。

一个“死读书，读死书”的书呆子形象，活脱脱地展现在人们的面前。

彰显盛世

制举虽然是以天子的名义征召人才应试，但一般地说，皇上是不可能场场必到的，往往都是委托朝廷命官亲临考场。但只要皇上能腾出身来，还是尽可能参加的，有的皇上并以此为乐，事后还洋洋得意地说及第者都是自己的门生。

据史书记载，唐德宗就曾在宣政殿临场阅卷，不单是阅读，而且看到有明显欠妥的地方还要挥动御笔进行修改。如果看到写得特别好的文章，他还会赞不绝口，甚至抑扬顿挫地朗诵起来。唐代宗大历四年（769）朝廷举行讽谏主文、茂才异等、智谋经武、博学专门四科考试，唐代宗李豫来到宣政殿考场，当时天气炎热，可是皇上却穿着上朝的礼服端坐在那里，令考生肃然起敬。天色渐渐地黑了下来，他发现有的考生仍然没有答完，便让给点上蜡烛，让考生尽可能地发挥好。

虽然说进士科、明经科是科举中的重要科目，但有时候制举考试的考生们所受到的礼遇一点也不比这两科差。唐代制举科考试时，有时候考生进入考场后，皇帝先给应考者恩赐食物，让他们吃饱喝足了以后再答试卷。唐宪宗元和三年（808）三月，朝廷举行制举考试，宪宗皇帝亲临考场，他发现有的考生须答得很晚才能离开考场，弄不好不能赶回自己的住处了，于是他命令大臣们把这些没答完卷的考生都安排在光宅寺居住，并委派专人负责护送。对考生这种体贴入微的关心和呵护，让考生真正地感受到了皇恩浩荡。

榜下捉婿

过去人们从许多古典戏剧中，经常都可以看到“招驸马”的情节，其主人公的原型就来源于唐代的一个真实故事。唐武宗会昌二年（842）壬戌科状元郑颢，就是被唐宣宗选中而被招为万寿公主的驸马。

唐宣宗大中三年（849），郑颢充任翰林学士。也就在这一年，唐宣宗打算为自己的万寿公主选择一个如意郎君。一次，宣宗把自己的想法对身边的宰相白敏中说了，白敏中略加思索，顺口就举荐新科状元郑颢，并向宣宗介绍说郑颢不仅自己身为状元，而且出身于官宦之家，特别是在朝廷中也口碑极好，许多人都称赞他处事公允，郑颢本人长得也很有阳刚之气。宣宗听了他的话，便爽快地答应了这门亲事。

此时，郑颢正赶赴楚州（今江苏淮安）准备迎娶卢氏，刚刚行至郑州，就接到了白敏中让他迅速返回朝廷的堂帖。当时郑颢左右为难，因为在此之前，他已经早就和卢氏定婚。他和卢氏不仅两家是世交，而且两人从小就青梅竹马，非常要好。如今就等着迎接新媳妇上轿了，却接到这样一份堂帖，如果返回去与公主成亲，他觉得对不住卢氏一家，更对不起与他真心相爱的卢氏。可是，他尽管无奈，但皇命如天，他还是硬着头皮接受了这个现实，也只能与万寿公主结秦晋之好了。

郑颢回到朝廷后，宣宗亲自为郑颢与公主完婚，拜为驸马都尉，不久又提升为中书舍人、礼部侍郎。他虽然在仕途上平步青云，但内心总是对卢氏放心不下。一到这时候，他便从内心里嗔怪宰相白敏中，总认为不是白敏中多事儿也不会有今天，并多次在宣宗面前说他的坏话。可是，不管他怎么贬损白敏中，宣宗还是对这位老臣深信不疑。

人穷志长

“人穷志短，马瘦毛长。”这是古代蒙书《名贤集》中的一句话。可是，在唐代却有一个人穷志不短的读书人，他就是唐武宗会昌三年（843）癸亥科状元卢肇。

卢肇从小勤奋好学，其文名绝不在富家子弟黄颇之下。但就是因为他家境贫寒，常常遭人白眼，伤害自尊。最令人不能容忍的是：唐武宗会昌二年（842），他与黄颇一同进京赶考，袁州刺史听说后特意在长亭设宴，只单独为富家子弟黄颇饯行。为此，卢肇的自尊心受到了极大的伤害。为了回避，他只好绕道而行。他怨恨刺史看人下菜，同时心里暗下决心，一定要争这口气，一定要考出好成绩，让瞧不起他的人看看。

第二年，卢肇果然考中状元。归省袁州时，刺史等大大小小官吏几十人到十几里外夹道迎接。刺史本人面带愧色，请卢肇观看龙舟竞渡。此刻，卢肇感慨万千，对刺史等官吏前倨后恭的丑行深恶痛绝。于是，他当即吟咏了两句诗，以表达此时的心境。诗云：

> 向道是龙君不信，果然衔得锦标归。

至于诗句中的涵义，众官吏当然明白，一个个惭愧地低下了头。

得意之作

六年雁序恨分离，诏下今朝遇已知。
上国皇风初喜日，御阶恩渥属身时。
内庭再考称文异，圣主宣名奖艺奇。
故里仙才若相问，一春攀得两重枝。

这是唐武宗会昌五年（845）乙丑科进士第一人易重的《寄宜阳兄弟》诗。人们吟诵这首诗时，从字里行间可以看出作者的喜悦心情溢于言表，可以感受到这首诗是在非常得意的情形下写就的。探寻其“得意”缘由，牵出一个唐代的科举案来，事情的经过是这样的——

一开始，科举榜发布后，及第二十七人，张渍为状元，易重名列第二。可是考试结果一公布，立即引起了一场轩然大波，一些名士、举子都认为此科取士不公平，请托之风甚嚣尘上，如果没有人从中疏通，一般人很难及第。许多人指责考官左谏议大夫陈商有徇私舞弊之嫌。在强大舆论的逼迫下，唐武宗出于无奈，命翰林学士白敏中重新主持考试，结果在重考中许多人现出原形，张渍等七人被黜落，易重名列第一。

由于复试有朝廷的重视，有主考官的严肃认真，所以大家对这次复试都非常认可，觉得体现了公平、公正的原则。作为复试的最大受益者易重，更是喜形于色、志得意满，于是写下了上面这首诗。

鹏程万里

我本南山凤，岂同凡鸟群。
英俊天下有，谁能佐圣君。

有谁会相信这首励志诗，竟出自一个刚满 7 岁的孩子之手。他叫莫宣卿，父亲过世较早，从小家境贫寒，身边的孩子常欺负他，他就在沙土上愤然写下了这首诗。

莫宣卿 12 岁考取秀才，后来又在麒麟山旁边建造了一座书屋，不分昼夜地在那里读书治学。他曾写有一首《答问读书居》，生动地描写了他那段恬静的读书生活。诗云：

书屋倚麒麟，不同牛马路。
床头万卷书，溪上五龙渡。
井汲冽寒泉，桂花香玉露。
茅檐无外物，只见青云护。

唐宣宗大中五年（851），17 岁的莫宣卿考取廷试第一名，被皇帝钦点为辛未科状元。他喜出望外，情不自禁地又写了一首及第自咏诗。诗云：

羽翼高飞到碧霄，鹏程万里岂知遥。
才吞王母千年药，便夺龙头第一标。
脚下云霞随地起，眼前尘土霎时销。
万金书寄南归雁，三级天门已一跳。

糊涂考官

历史上因借光被考中状元的也不乏其人。

相传，唐代有一个名叫颜标的读书人，参加科举考试时就碰上了好运气。当时，主考官由礼部侍郎郑熏担任。在审定试卷时，他一看颜标的名字，眼睛不由一亮，想当然地认为此人一定是颜真卿的后人。当时，藩镇割据闹独立，郑熏觉得有必要通过录取颜真卿的后人以勉励忠烈之士。于是，他大笔一挥，把颜标录取为唐宣宗大中八年（854）甲戌科状元。

颜标考中状元以后，想到要报答主考官的知遇之恩。直到这时，郑熏才发觉颜标本是贫寒之家的孩子，与颜真卿没有一点瓜葛。但是事已至此，已无法补救，也只能将错就错了。当时有人知道这件事后，嘲讽地说："主司头脑太冬烘，错认颜标作鲁公。"

占卜问卦

历史上的应试者有一个通病，临考前都愿意占卜问卦，都想通过这种方式讨个吉利，或者说得到一点心理上的安慰。究竟准不准，人们似乎有一个共识：信则灵，不信则不灵。于是，深信不疑者往往都会上当受骗。

《太平广记》里记载了这样一个故事：唐代时长安东有一个大市场，这里有一个铁匠行，有一个叫范生的人专门在这里设摊卜卦。

集市上的人都说，他的卦特别灵验，尤其是一些进城赶考的人只要到他这里问一卦，十有八九都能做到先知先觉。因为他扬脖吹喇叭——名声在外，所以他要的价也比较高，即便这样，到他这里求签问卦的人仍然是络绎不绝。

有一天，这里迎来了一位江南的富家子弟，名字叫郑群玉。只见他带着仆人，骑着高头大马，穿着华贵的衣裳，招摇过市，点着名来找范生算一卦，并表示自己有的是钱，一出手就是三千钱，外加各种江南的名贵特产。他声称是慕名而来，求老先生一定给他好好算一算。

知道底细的人都知道，他能来参加科举考试，对他来说已经是赶鸭子上架了，但他一直自我感觉良好。唐代以诗赋取士，可是他的诗赋写作水平很一般，显现不出特殊的才华。但是，他这个人最大的特点就是自视甚高，缺乏自知之明，从来不把别人放在眼里，在他的心目中，高中非他莫属。

范生当然能洞察他的真实心理，于是口若悬河地对他吹嘘了一通，说今年来参加科考正逢其时，大吉大利。听范生这么一说，他更加忘乎所以，神气十足，就好像桂冠已经戴在了自己的头上。临入场前，他又一次送给范生好多名贵礼品。可是，进入考场后，一拿到试题，他一下子就像泄了气的皮球一样支棱不起来了，心里虽然着急，但一个字也写不出来。其他考生一个个交卷退场，他却在那里点灯熬油，一直到考试结束，手里仍然是一张白卷。

离开自己的座位后，他再也控制不住激愤的情绪，发疯似的狂喊起来："好一个铁行范生，当打二十大板！"人们看着他那可怜的窘态，不由得投以轻蔑的目光。

感动上苍

“一士登甲科，九族光彩新。”这是唐代诗人王建的诗句。在封建科举时代，一个读书人如果能在科场上声名彰显，确实是一件光宗耀祖的事情。贫寒者通过科举可以平步青云，富贵者通过科举可以长盛不衰。正因为科举有这么大的魔力，才能有那么多的人“衣带渐宽终不悔，为伊消得人憔悴”。

唐懿宗咸通年间河北有一个读书人公乘亿，他虽然以诗赋闻名，但在科举场上却屡屡受挫。到咸通十三年（872）时，他已经参加了三十多场大大小小的考试，于是他把最后的赌注就押在这一次了。由于长年的心力交瘁，再加上应考前的急火攻心，考完不久，还没来得及离开京城，他就病倒了，而且在好长一段时间不见好转。

由于熟悉他的人只知道他生病，不知道他的详细病情，便风传他已经病入膏肓，很难起死回生了。有的人甚至猜测他已经死了，并把这个消息传到了他的家乡。妻子听到这一噩耗之后，很快从家乡赶到京城奔丧。这时候，公乘亿已经完全痊愈了。一天，他正骑着马送客人，刚走到山坡底下，迎面走来一个穿着孝服骑着毛驴的妇女，样子有一点像自己的妻子，可又不敢确定。这名妇女看见他也怔住了，因为两个人毕竟有十几年没见面了，后来她找跟随的人一打听，果然是自己的丈夫。公乘亿定睛一看，也认定眼前的女人就是自己的结发妻子。

于是他跨下马来，紧紧拉住妻子的双手，当两个人知道事情的原委后，不由得失声痛哭起来。路上的人看见这两个人执手相看泪眼的情景，也为他们的意外重逢而感到惊异不已。公乘亿留下妻子在京城住了十几天后，终于盼来了发榜的日子，也许是真的感动了上苍，公乘亿果真科考及第了，这颗悬着的心才落了下来。

歪打正着

在唐代的状元录上，有一个叫郑昌图的读书人，他获取状元多少带有点让人忍俊不禁的感觉，或者说有一点歪打正着的味道。

郑昌图长得五大三粗，平时大大咧咧、不拘小节。唐懿宗咸通十三年（872）赶上了一次科考的机会，他当时由于准备不足，本来打算放弃这个机会。但一些亲朋好友为他着急，便一再地劝他不妨去试一试。他碍于情面，便决定去碰碰运气。

当时朝廷鉴于过去一些考生骑着高头大马，穿着华贵服饰的炫耀之风，特意规定今年凡是前来参加科考的人都不许骑马，一律改换骑驴。大多数考生对这一规定尽管心里不满意，但嘴上谁也不敢说什么，只好按朝廷的规定去做了。可是，这项规定对郑昌图来说，就显得过于苛刻了。因为他长得人高马大，骑起驴来确实有诸多不便，于是出于气愤便在答卷上写了一首语锋犀利的讽刺诗，嘲笑朝廷这种不切实际的规定。诗云：

今年敕下尽骑驴，短辔长鞦满九衢。
清瘦儿郎犹自可，就中愁杀郑昌图。

卷子交上去后，他心里忐忑不安，不知道会不会惹来麻烦。让他意想不到的是，他不仅没有受到处罚，而且还一举得中状元，成了唐懿宗咸通十三年（872）壬辰科进士第一人。

复试中第

赵观文是唐昭宗乾宁二年（895）乙卯科的状元。

其实，在本科发榜时，他不过名列第八名。当时落第的举子很多，纷纷投书举报身为考官的刑部尚书崔凝营私舞弊。唐昭宗知道后，亲下诏书命武德殿重新考试，并命令翰林学士陆扆充任考官，亲自阅卷。

考试结果出来后，证明举报的情况基本属实。其中在初试中名列第八的赵观文脱颖而出。考官发现赵观文“才藻优赡，义理昭然，深穷体物之理，曲尽缘情之妙，所试诗赋，辞艺精通，皆合本意”，于是被皇帝钦定第一。而初试中名列榜首的张昭宪，却名落孙山了。

赵观文在复试后状元及第，同事好友皆为之庆贺。诗人褚载曾写下一首题如《贺赵观文重试及第》的诗送给他。诗云：

一枝仙桂两回春，始觉文章可致身。
已把色丝要上第，又将彩笔冠群伦。
龙泉再淬方知利，火浣重烧转更新。
今日街头看御榜，大能荣耀苦心人。

坑蒙拐骗

无论是哪朝哪代的科举考试，能顺利中第者毕竟是极少数人。而屡年不中的考生，有的流涕而归，有的沉湎酒色，有的自寻短见，也有的向贵人乞怜，更有无耻之徒为了达到及第的目的，甚至靠招摇撞骗以求一逞。唐代就有这样一个恬不知耻的读书人，他就是科举史上留下骂名的邓敞。

本来邓敞也是穷苦人家的孩子，从小就聪明伶俐、刻苦读书，并立志长大以后驰骋科场。可是长大成人以后，别的事儿都挺顺畅，可就是在科考中屡试屡败。一个偶然的机会，他有幸结识了当朝宰相牛僧孺的儿子牛蔚兄弟。相处中，邓敞发现牛家有权有势，便想方设法地巴结人家。时间一长，牛蔚也觉得邓敞这个人挺不错，便试探着对邓敞说："我有一个妹妹尚未出嫁，如果你能与她结婚，进士及第的事儿就包在我们哥俩的身上。"

邓敞听了这话以后，简直有点不相信这是真的，此刻他已经忘记了自己已经是有妇之夫，并且还有两个可爱的女儿。清醒过来以后，他仍然觉得这是一个千载难逢的好机会，心想：这真的是从天上掉下来的美事儿，娶了他的妹妹不仅能得进士，还多了一房妻妾，何乐而不为呢！况且自己家里贫穷，地位低下，如果不抓住这个机会，就永远没有出头之日了。于是，他隐瞒了已有家室这件事儿，满口地应承下来。

牛蔚也是说到做到之人，等到邓敞与其妹完婚后，他靠着家里的权势真的很快让邓敞成了进士。可是等到新媳妇提出要回婆家看看时，邓敞有点犯了难。可又一想，一不做二不休，没有过不去的坎儿。就这样，他真的要把媳妇往家领了。走到半路上，他要了个花招，说你们慢慢走，我先行一步，也好让家里人做些准备。邓敞回到家后，一句也没有提自己再娶之事，便同家里人一样悄无声息地等起来。

第二天，新媳妇和仆人赶着装满嫁妆的马车进院子时，邓夫人不由得大吃一惊，问仆人为什么把东西放在自己的院子里？奴仆回答说，我打一个前站，夫人马上就到。邓夫人一时真是丈二和尚——摸不着头脑了，细一追问，才知道事情的原委。邓夫人气愤至极，不由得破口大骂起来。不一会儿，牛氏也赶到了，一看这阵势，马上明白自己受骗了。只可惜生米已经做成了熟饭，说什么也都无济于事了。倒是人家大户人家的女儿识大体，只见她走向前去，对邓夫人说："夫人息怒，我的家父是朝廷宰相，兄弟也是朝廷的官员，我能屈嫁于他，难道是图谋荣华富贵吗？难道还愁自己嫁不出去吗？如今遭受不幸的不仅仅是你，可是事到如今也只能这样了，就是再怪姓邓的，也得替两个女儿想一想啊！"

一番话，让邓夫人无言以对，虽然她也想去官府申冤，但两个女儿把她拉住了。就这样，邓敞的阴谋真的得逞了，靠着坑蒙拐骗既得到了一房美妾，又堂而皇之地中了进士。

花样翻新

纵观唐宋两代的科举考试，有时候随意性也很强，因时随势立制举，就是当时的最好写照。为什么这么说呢？原来，当时的进士和明经是常科，考试的时间、程序一般地说都是固定的。可是也有一些随机的考试科目，称为制科，也就是人们通常所说的制举。

唐代制举所设置的科目多达 60 多种，不少内容都似是而非、大体相同，有的不过是文字有一点儿差异而已。如"军谋宏达材任将帅"与"军谋宏达堪任将帅"，只是"材"与"堪"一个字的差别，都是为选拔军事人才所设置的科目；再比如"文辞雅丽""文辞秀逸""藻思清华""辞藻宏丽"等，几乎都是大同小异，都是为选拔文学人才所设置的科目，让人看上去有一种叠床架屋的感觉。

科目太多太滥，有时难免会出现一些滑稽的现象。唐代有一个读书人骑着快马冲进都城，有人不解地问，什么事儿让你这么着急？这个人回答说："怎么能不着急呢？我要去考取'不闻宏达'科。"

听到回答的人不由得一愣，心想，怎么能有这种科目呢？一般的人都知道，对大多数的人来说，之所以要走科举之路，说到底就是为了声名远播、官运亨通。虽然都是为了这个目的，却偏偏去考“不闻宏达”科，显然这是一种反其意而行之的做法。

宋代以后，制举的科目有所减少，但也有与“不闻宏达”科有异曲同工之妙的科目。如宋仁宗天圣年间就曾经设置过一个“高蹈丘园”科，标榜的是以隐居山林、躬耕田园为乐。那么，既然乐于归隐，又何必去皓首穷经踏上科举之途呢？这样的科目，当时就受到一些有识之士的讥讽。

面对学生

据有关资料记载，在唐朝 289 年的时间里，一共录取进士 6300 余人，也就是说，平均每年不过 20 余人。由此可见，在当时能考取进士的，毕竟是凤毛麟角。有的读书人年复一年，不知考了多少年才能进士及第，中第尚且如此，如果能中高第就更是难上加难了。

晚唐有一位诗人，名字叫孟棨，为了能考取进士，他把自己的青春和智慧全部耗费在科举上。他最后考取进士时的主考官叫魏沆，此人竟然是他的学生，是名副其实的小字辈。出榜以后，按照当时的规定，孟棨一举成功之后要去拜谢主考官。当孟棨前去拜谢主考官魏沆时，魏沆相反不好意思起来，他拉着满脸憔悴的孟棨的手时，不由得掉下泪来。

按照当时朝廷的规定，及第者要称主考官为座师，自称自己是门人，孟棨面对着自己昔日的学生、今日的座师百感交集、老泪纵横，半天说不出话来，也说不清楚是悲哀、是喜悦，还是羞愧不已。

脍炙人口

在五代十国文状元的名录里，有一个名叫梁嵩的读书人，只因在殿试时作了一首《赋荔枝诗》就高中状元，成为南汉白龙元年（925）乙酉科进士第一人。

南汉刘龚皇帝效法唐制，在广州开科取士，梁嵩在应试时作了一首脍炙人口的《赋荔枝诗》诗云：

露湿胭脂拂眼明，红袍千裹画难成。
佳人胜尽盘中味，天意偏教岭外生。
橘柚远惭登贡籍，盐梅应合共和羹。
金门若有栽培地，须占人间第一名。

皇帝看了这首诗叹为观止，遂钦点他为状元，并恩授翰林学士。

高中状元

古代的科举考试，常常被蒙上一种封建迷信色彩。

后唐天成三年（928）郭晙考中状元。应试前，他做了一个梦，梦中有一位年迈的僧人，趿拉着鞋子步履蹒跚地行走在床榻上。等他醒来后，心里非常不是滋味，想到梦中的情景就十分厌恶。

为解心疑，他特意找到一位占卜之人，请他帮助解一解这个怪梦。想不到这个人听完他的述说后，竟然喜形于色地说："这不是很明显的好征兆吗？老僧在‘上’面趿拉着鞋子行走，走在‘高’处，寓含着必出高登之人，恭喜你就要高中了！”

郭晙听了他口若悬河的说解，虽然很顺耳，但还是将信将疑。过了几天，他应考的结果发榜了，正好应验了占卜之人的话，他果然高中状元了。

天上大星

庐山脚下，有一位僧人夜里梦见有人指着天上一颗硕大的星星对他说：“你知道吗？这是伍乔星啊！”梦醒后，僧人惊诧不已。天一亮，他就登上高山去拜访名叫伍乔的读书人。

伍乔，历史上确有其人，是南唐保大年间的一位书生。他从小就勤奋好学，保大十年（952）前后到庐山游学。多年来，他孜孜不倦，苦研“六经”之学，尤其对《周易》这部书的研究有非常高的造诣。僧人找到伍乔后大喜过望，勉励他刻苦读书，求取功名。保大十六年（958），伍乔靠僧人倾囊相助和山中众人的捐资，赴金陵应试。他没有辜负众人的判断和期许，一举中第。但按照南唐惯例，主考官要宴请这些入围者，结果却出现了戏剧性的变化。

本来根据初选的判断，请宋贞观坐在首座，张洎次之，而伍乔排在第三位，可是当伍乔把自己的新作《八卦赋》呈上主考官后，主考官不由得惊叹起来，连连说是杰作，并马上请伍乔坐在首位。不久复试榜揭晓，他果然得中进士，成为南唐中兴元年（958）戊午科进士第一人。

后来，南唐元宗李璟命将伍乔所作《八卦赋》及《霁后望钟山诗》刻于石上，以彰其学。

宋金故事

比试文才

有宋一代的科举考试制度，从根本上说，仍然是因袭唐制，带有非常明显的荐举特征。这样一来，在某种意义上说，其生杀大权还是由权贵们把持，不平则鸣。于是发生了有人要与一些权贵一比高低的事情，它对于殿试制度的最终形成起到了举足轻重的作用。

张去华是宋朝的第二名状元，他从小就好学上进，尤其喜欢吟诗作赋。他 18 岁时，正赶上后周世宗柴荣平定淮南，血气方刚的张去华感叹地说："兵战不息，民事不修，难于长治久安。"于是写出《长征赋》《治民论》呈献给世宗，世宗阅读后大加赞赏。

宋朝建立后，张去华带着自己写的诗文来到京师，拜翰林学士李昉为师，由于李昉对其人品和诗品的推重，一时间他名声大噪。第二年就考中状元，成为宋太祖建隆二年（961）辛酉科进士第一人，并授秘书郎，入直史馆。一年后任职期满，按照惯例应该升迁，可是眼看着一天一天地过去了，居然没有一点动静。他忍无可忍上章自述，指责知制诰张澹等人学识浅薄、窃取高位，请求与其比试文才。

这件事令太祖大为震惊，于是他把张去华、张澹等人诏试于殿前，经过较量，张澹因文不对题而受到降级的处罚，张去华被提拔为右补阙，并赐给他衣物。尽管他得到了提拔，但他也为此得罪了许多朝廷权臣，有的人说他是不择手段地急于进取，于是对他群起而攻之，以至于他在此之后的好多年不得升迁。

谶语应验

“谶语”一词，是指古人认为将来能应验的预言。在宋太祖建隆三年（962），就发生了一起谶语应验的故事。

当时有一个名叫马适的少年，他从小聪明好学，孝敬父母。据传，马适的爷爷马俊良去世后埋葬于幞头山上，从那时起在当地就流传着这样的谶语：“沙洲圆，出状元。”话虽然这么说，好多年一直没有得到应验。然而，谁也不会想到，到了太祖建隆三年时，有一天人们意外地发现沙洲果然呈现出圆形了，又不由地想起当初那句“谶语”来。大家议论纷纷，互相猜测着不知道谁家有这个福分。此时，人们看到马俊良的孙子马适渐渐地长大了，到了进士科应考时他果然考中了，成为宋太祖建隆三年壬戌科进士第一人。

从此以后，人们更加对这句“谶语”确信无疑了。

太祖震怒

宋准是宋太祖开宝六年（973）癸酉科状元，他的高中经历了一场震惊朝野的轩然大波。

当时的主考官是翰林学士李昉，揭榜时宋准高中第一名。揭榜后，贡士徐士廉愤愤不平，状告李昉在录取上有徇私舞弊之嫌。太祖皇帝大为震怒，于是他亲自诏告宋准到殿上参加复试。宋准踏进殿堂，太祖眼睛一亮，只见宋准相貌堂堂、英俊挺拔。几句询问，他思维敏捷，对答如流。太祖对宋准赞赏有加，心想：这样的英才不夺魁，还能有谁呢？就这样，在复试中，宋太祖钦定宋准为进士第一名。

从此以后，省试以后加殿试就成定制，历经元、明、清三代而未加改变。宋准便成为宋代殿试产生的第一位状元。

手搏状元

宋太祖开宝年间，朝廷为了避免科考中营私舞弊、取舍不公的现象再次发生，宋太祖决定：从开宝八年（975）开始，在会试的基础上举行殿试，并形成制度。这次殿试不仅由皇上亲自出题，而且最后结果也由皇上钦点。

王嗣宗就是在这次殿试中被宋太祖亲自钦点的当科状元。王嗣宗从小就勤奋好学，刻苦自励。游学京师时，曾以文章拜谒文才出众的殿中侍郎王祐，颇受推重和青睐。据说，他之所以能考中状元，除了自己的才学外，还得益于自己的身大力不亏，说起来实在让人觉得哑然失笑。

当时，按照朝廷的规定，谁先交卷谁就是状元。可是说来也巧，答完题后，王嗣宗和另一个考生陈识同时将试卷交到监考官手里。两份试卷送到宋太祖手里以后，太祖一看，两份试卷都答得非常好，甚至可以说一时难分上下。无奈之时，太祖想起小时候玩过的角力游戏，便别出心裁地说：“你们两个可以摔上一跤，谁是胜者，谁就是状元。”两个人都是生龙活虎的小青年，当着太祖的面就比试起来，结果王嗣宗胜出。太祖兑现了自己的诺言，他成了宋太祖开宝八年（975）乙亥科进士第一人。

王嗣宗中状元以后，好多人私下里议论纷纷，总觉得如此选择状元是对“状元”的亵渎，既滑稽可笑，又有失公允。因此，有人嘲笑王嗣宗说：“一个靠摔跤考中的状元，也没有什么好称道的。”

如此自信

在宋代之初，有一位官至尚书户部员外郎的人，80 岁病逝之后，子孙们居然拿不出为其安葬的钱来，最后只得停棺房内。后来有人上报朝廷，遂赐钱二十万才使他入土为安。这个悲剧人物就是宋太宗太平兴国三年（978）戊寅科状元胡旦。

宋太宗元年（976），有一位书生到山东某县游览。知县大人得知该书生颇有文采，便设宴款待。知县的公子很蔑视书生，问其有何特长，书生说工诗。公子便让他诵读一首，书生诵了一首，最后一句是：“挑尽寒灯梦不成。”公子一听，大笑说：“此乃一瞌睡汉也。”

书生十分气愤，这书生便是吕蒙正。第二年，吕蒙正一举夺魁。于是，他写信给公子：“瞌睡汉如今中了状元了。”公子看了他的信，冷笑一声：“待我明年第二人及第，输你一筹。”第三年，新科状元正是这位公子——胡旦。综观科举史，有如此自信者，胡旦当属第一。

胡旦喜欢读书，学问非常渊博，著述相当宏富，晚年失明后，仍然令人朗读经史。

世态炎凉

旧岁饥荒，柴米无依靠，走出十字街头，赊不得，借不得，许多内亲外戚，袖手旁观，无人雪中送炭；

今科侥幸，吃穿有指望，夺取五经魁首，姓亦扬，名亦扬，不论王五马六，踵门庆贺，尽来锦上添花。

这副对联，是宋太宗太平兴国二年（977）丁丑科进士第一人吕蒙正考取状元前后的切肤感受。吕蒙正命运坎坷，早年跟随生母被父亲赶出家门，生活非常贫困。但他刻苦求学，经过自己的艰苦努力，最后终于大魁天下。

宋太宗端拱元年（988）他担任宰相，并成为北宋年间当过两朝宰相的重臣。在没考取状元之前，他生活相当窘迫，曾用“二三四五，六七八九，横批：南北”来形容自己的悲惨生活，可以说“缺一（衣）少十（食），没有东西”是他没考取状元之前最真实的写照。一旦考取了状元以后，完全是另一番景象了。于是他百感交集，写了上面这副对联，辛辣地嘲讽了那种人情冷暖、世态炎凉的势利小人。

吕蒙正金榜题名当了大官以后，过去那些有钱的邻居便纷纷携带财礼前来贺喜巴结。吕蒙正见了，百感交集地说：“诸位乡亲请先在中堂就座，然后到我的书斋一观。”众邻居酒足饭饱之后陆续来到吕蒙正的书房，吕蒙正笑着说：“晚生草就一联，呈请诸位一阅。”只见纸上书就此联。这些来客看罢，羞得无地自容。不一会儿，便一个个灰溜溜地走出了吕府。

公正无私

在宋太宗太平兴国五年（980）庚辰科进士的科考中，一个20多岁的青年脱颖而出，这个人名叫苏易简。他出身于书香世家，小小年纪就聪慧好学，风度奇秀，才思敏捷。进士科考试时，太宗留心儒术，责考生皆临轩复试，结果苏易简一挥而就写了一篇3000多字的文章。宋太宗看在眼里喜在心头，极为赞赏，遂擢为甲科第一，钦定为状元。

苏易简考中状元以后，通判升州，迁左赞善大夫。三年后，以右拾遗知制诰，连续七年主持贡举。在此期间，他坚持原则，公正无私，深受宋太宗的信任。当时有一个叫何光逢的人，与苏易简是从小一起长大的好朋友，但由于在县令的职位上贪赃枉法、收受贿赂而削籍为民。后来，他听说苏易简在京城当官，于是就跑到京城来，趁苏易简主持科考的机会来到考场替人考试充当“枪手”。苏易简在巡视时发现后，当机立断把他驱逐考场。

何光逢觉得丢了面子，从此与苏易简结怨。为了达到报复他的目的，他极尽造谣诽谤之能事，想方设法诋毁苏易简，并借此攻击朝廷。苏易简在证据确凿的情况下，不仅逮捕了他，而且还按律处决了他。事后，苏易简经常自责，总觉得好朋友死在自己的手上也是自己的罪过，如果早一点帮助他，他也许就不会这样了。

侮人自侮

> 勾画乾坤，作我之龙楼凤阁；
>
> 开穷日月，为君之玉户金关。

这两句寓意深刻的句子，是宋太宗太平兴国八年（983）癸未科状元王世则在《六合一家》赋中的名句。

王世则中状元前，曾与韩见素等人同去陈抟府上拜访。当时，王世则伪装成仆人，小心翼翼地跟在几个人后面。陈抟对前来拜访的几个人上下打量一番，觉得佯装成仆人的王世则与众不同，日后必成大器。陈抟以为韩见素有意羞辱王世则，便感叹地说："侮人者，自侮也。"并请王世则坐在比其他人还显尊贵的上座。他意味深长地说："他将来参加科考，一定会名列第一，其他人的名次肯定赶不上他。"后来，宋太宗御试进士，以《六合一家》为赋题，王世则果然取得了令人瞩目的好成绩，一举成为状元。

据说，宋代自从这一年开始，新进士才分为"赐进士及第"和"赐同进士出身"。

如此宽容

在封建帝王中，也不乏对文人的重视与宽容者，最为典型的恐怕就是宋太宗皇帝了。

科举考试，对朝廷来说毕竟也是大事，因此进士科考特别任命礼部侍郎宋白为主考官。考试结束后，程宿为首的二十八人榜上有名，程宿成为宋太宗端拱元年（988）戊子科状元。张榜公布后，好多人议论纷纷，认为有许多人才被遗漏。消息传到太宗皇帝耳朵里后，他很快下诏令决定对落第举子进行复考，结果一下子又录取了一百来人。

即便如此，仍然有一个名叫叶齐的读书人认为取士不公，不断地为落榜者喊冤叫屈。太宗尽管对叶齐很反感，但还是又下诏令在武成王庙再次对未入选的举子进行复试。考官由于厌恶叶齐的缘故，特意出了一道“一叶落而天下知秋”的试题。结果，又有三十多人被录取为进士，叶齐居其榜首。这样一来，诸科加在一起，步入仕途的人就多达数百名了。

渔人得利

宋真宗咸平元年（998）开封府举行解试，高辅尧被录取为解元，钱易名列第二名。

钱易才气过人，在当时就很有名望。正因为如此，自己名列第二心里很不服气。于是上疏朝廷，指责试题有讥讽朝廷之处，一些落第的举子也跟着起哄，状告考官录取不公。在这种情况下，高辅尧主动提出把自己的状元让给钱易，以平息事态。

第二年省试时，真宗皇帝诏书命令由钱若水复查笔试。在皇帝看来，学子争进之风有伤文雅，再则也绝不能让带头闹事的人占便宜。于是录取孙暨为第一名，高辅尧为第二名，钱易为第三名。因为此科没有进行殿试，所以孙暨以省试第一直接当上了宋真宗咸平二年（999）己亥科状元。

倚马可待

按照词典的解释，“倚马可待”应该是个褒义词，形容写文章一气呵成，在较短的时间内写出上乘之作。但任何事物都有双重性，本来是一个令人称羡的长处，但有时候也可能败在这个长处之上。北宋真宗咸平年间，钱易就吃过文章写得太快这个亏。

钱易是吴越国王钱倧的儿子，与其哥哥钱昆一起随钱倧归顺宋朝。钱氏宗室、大臣大都封官，唯独钱易兄弟俩不被录用，钱易总觉得心里不平衡，遂发愤读书，立志科举入仕。17 岁举进士，但因在殿试时三篇文章不到半天就已完成，而被斥之为“轻俊”，不仅御试没通过，而且连进士资格亦被免去。不幸中也有万幸，钱易却由此而闻名于世，一时间博得“才子”的美名。

宋真宗曾与苏易简论唐代文人，并深有感触地说：“真恨自己没能和李白生在同时。”苏易简说：“钱易的诗才当不在李白之下。”宋真宗咸平二年（999），钱易复举进士，他自我感觉可得第一，但主考官不公，将他列为第二。钱易忿忿不平，上书议论《驭六马赋》，对本朝科举录取多有讥讽。宋真宗阅后，不喜欢他这种玩世不恭的态度，又将他降为第三名，任命为豪州团练推官。

次年，改为光禄寺丞、通判蕲州。他为官能体察民情，对官吏滥用酷刑深恶痛绝，奏请废除非法之刑，受到真宗嘉奖。宋真宗景德二年（1005），举贤良方正，除秘书丞、通判信州。宋真宗东赴泰山封禅，钱易进献《殊祥录》一书，遂改任太常博士、直集贤院。后曾受命修《车驾所过图经》，又为知制诰。宋仁宗天圣三年（1025）为翰林学士，不久去世。

为了避嫌

历史上有的封建官吏为了让自己儿子能够有机会金榜题名，行贿纳荐者有之，想方设法透题者有之，暗中打通关节者有之……其手段真可谓无所不用其极。可是在宋代却有一位帝王，明明自己的儿子考取了状元，却因为自己是一君之主，出于避嫌的考虑硬是把这顶桂冠拱手让给了别人。这不能说不是一种高风亮节，尤其是在九百多年前的封建社会，应该说这种大公无私的精神是相当的难能可贵的。

宋徽宗有一个儿子名字叫赵楷，偷偷地参加了宋徽宗重和元年（1118）戊戌科的考试，由于他文采的确非凡，竟一路所向披靡，居然轻而易举地杀入了殿试。而且在殿试中发挥得更为出色，主考官拟定的第一名就是徽宗的第三子嘉王赵楷，赵楷一举夺得了状元。发榜后，赵楷将实情告诉了徽宗。一般地说，徽宗肯定会是求之不得了，可是徽宗高兴之余，想得更多的是怕天下士子说闲话，于是就把当年的第二名（榜眼）王昂擢升为状元。

王昂中状元之后，曾填写了一首催妆词《好事近》，以表达自己的喜悦心情。词云：

> 喜气满门阑，光动绮罗香陌，行紫薇花下，悟身非凡客。不须脂粉污天真，嫌太怕红白。留取黛眉浅处，共画章台春色。

如此礼遇

为了鼓励举子们在殿试中取得优异的成绩，一举成为万众瞩目的状元，宋代初年，朝廷创制了一些激励性的规范，“给驺”就是其中的一项。所谓的“给驺”，就是皇上亲自点派骑士、侍从，在新状元骑马游街时给予驾车清道。而第一个承受这种礼遇的就是宋真宗大中祥符八年（1015）乙卯科状元蔡齐。

蔡齐仪表俊伟，举止端庄。参加殿试时，此科的试题为《天下如置器赋》，他一看题目就觉得胸有成竹，以汉代贾谊置器之说为题就事论理，表现出超人的治国安邦的卓识。真宗阅读他的试卷时，击节称绝，大为赞赏。唱名时，其风采更让真宗赞不绝口，他高兴地对身边的宰相寇准说：“今科状元得人矣！”

除此之外，真宗还“特诏给金吾卫士七人清道”，目的就是让沿途的老百姓好好看看，今科状元是如何的风光，无形中也是展示当今的皇上是怎样的尊重知识、尊重人才。在此之后不久，皇上还正式颁诏：从今以后，凡是第一人及第者，都会受到如此隆重的礼遇。

梦中注定

杨寘是中国科举史上少有的三元（解元、会元、状元）状元之一，考取解元、会元时他一路领先，一帆风顺。可是在夺得状元桂冠时，却带有明显的幸运色彩。

其实，擢取状元桂冠的应该是王安石，因为宋仁宗庆历二年（1042）壬午科状元殿试第一本为王安石，但考官发现他的试卷中有犯忌的话，就把他拿下来了。再一看第二名和第三名的试卷，又发现两个人都是有官职在身，于是便把名列第四的杨寘提了上来，把他的考卷当作第一名的考卷进呈给皇帝，结果他顺理成章地中了宋仁宗庆历二年（1042）壬午科状元。

据说，他在考取状元之前，他的好友曾经做过一个梦，梦见杨寘做了“龙首山人”。好友把这个梦告诉他以后，他饶有兴致地自我解释说：“龙首，我四冠多士；山人，无禄位之称。我其终是乎?”后来，他考中状元的事实正像他自己所说的那样。

必成大器

民间有句俗话，“从小看到大，三岁看到老”。大凡年长后成大器者，在他们很小的时候，似乎就能显现端倪，崭露头角。宋仁宗庆历六年（1046）丙戌科状元贾黯成才的事例，就是最好、最有说服力的明证。

贾黯是邓州穰县人，在他很小的时候，就聪敏过人，好学不倦。不到10岁就能够吟诗填词，出口成章。一次，父亲带他去祭祖扫墓，路过一个叫凤凰台的地方，便带着他驻足观看。父亲触景生情，顺口说出一句联语：

今朝同上凤凰台。

父亲的话音刚落，想不到小贾黯便应声说出下联：

他年独占麒麟阁。

站在一旁的叔叔、族人一时惊呆了，想不到他小小年纪竟然对出这样工整的妙对来，不仅别开生面，而且蕴涵豪气。大家说："真是神童啊！将来必成大器。"

多少年后，不出所料，贾黯真的成了大器。殿试发榜时，刘敞名列第一，可是由于编排官王尧臣是他的内兄，为了避嫌便将刘敞改为第二，将贾黯拔为第一。这一改，贾黯成了状元，这鳌头真的让他独占了。

改错试卷

在封建社会的科举考试中，心术不正的监考官也不乏其人，他们往往为了个人的恩怨，在考生的试卷上做手脚，以达到他们不可告人的目的。宋仁宗皇祐五年（1053）就曾发生这样一件让人啼笑皆非的事情。

江西宁都有个考生郑獬，少年时即有才名，词章豪伟峻整，同辈望尘莫及，为当地人所称道。一次，邻居家一位婆婆患病，其丈夫听信巫婆之言，用迎娶儿媳妇为其冲喜，结果花轿还没抬进来，婆婆就一命呜呼了。没办法，只好婚事、丧事一起办。街坊邻居眼看着灵堂白幡高挑，新房里红烛高照，谁都不知话怎么说、事怎么做，一时陷入手足无措的境地。有人出主意说，不妨把郑獬请来，看他能怎么应对这种场面。郑獬被请来后，看到这种悲喜交加的情景，随口吟诵一首《红白》诗来。诗云：

红灯银烛两辉煌，月老无常共举觞。
今日逢凶又化吉，一堂吊客贺新郎。

众人一听，暗暗佩服。可是就是这样一个有才气之人，却几次参加科考都名落孙山。尤其在国子监考试时，他居然得了个第五名，于是他愤愤地写道："李广事业，自谓无双；杜牧文章，止得第五。"这句话恰恰被一主考官看见了，对他这种怀才不遇、怨天尤人的做法非常气愤。宋仁宗皇祐五年（1053）癸巳科殿试时，正好又是他充任主考官，心想：你不是不服吗？我偏偏非不让你摘取这顶状元的桂冠。

等到胪唱时，这个考官故意用眼睛死死地盯着站在跟前的郑獬，脸上露出一丝狡黠的阴笑。可是他万万没有想到，唱出的第一名竟然真是被监考官视为眼中钉的郑獬，就好像有心灵感应一样。中了状元的郑獬，走向大殿时一脸的不屑与傲气，相反却把这位监考官弄得狼狈不堪。

原来，监考官虽然想做手脚好好报复一下这个盛气凌人的郑獬，但他在具体动作中，由于手脚忙乱竟然改错了试卷，这顶让人垂涎欲滴的桂冠仍然落在了郑獬的头上。

摇尾乞怜

虽然说科举制度不失为选拔人才的一剂良方，但是客观地说，它又是一把双刃剑。在科举制度的作用下，确实使有的人产生了一种扭曲的心理，有的时候为了获取功名迂腐得不惜低三下四、卑躬屈膝，以至于达到了摇尾乞怜的程度。从这个意义上说，它又确实是一种对人才的摧残。

宋神宗元丰年间，朝廷举行了一次特科殿试。考生中有一位 70 多岁的老人，在考场上急得抓耳挠腮，却一个字也写不出来。万般无奈之际，他在试卷写上这样一段话："看来我真的是老了，提起笔来却一个字也写不出来，文章我写不了了，但我从心里感受到皇恩浩荡，衷心地敬祝皇帝陛下万岁！万岁！万万岁！"

让他意想不到的是，这位白卷老先生的虔诚话语还真的感动了皇帝，在赞赏他诚实的同时，还特意恩准给他一个最低等级的初品官，让他有足够的俸禄来安度晚年。

文风大变

在宋仁宗嘉祐年间，有一位英年早逝的状元，病逝时年仅 36 岁，他的名字叫刘煇。

刘煇，原名刘几，少有文名，刚开始动笔写文章时，总愿意用一些晦涩难懂的词句。参加省试时，他在试卷上写道："天地轧，万物茁，圣人发。”当时的主考官是名震一时的大学士欧阳修，他一看到这样的试卷，就很厌恶这种华而不实的文风，所以很不客气地在试卷上批下“秀才剌，试官刷”六个字。

刘煇落第后，并没有灰心丧气，而是更加刻苦地读书学习。他先是把自己刘几的名字改了，然后一改艰深晦涩的文风，开始追求一种平实朴素的语言风格。宋仁宗嘉祐四年（1059）己亥科，他再次参加考试，尤其在最后殿试中所作的《尧舜之性赋》令欧阳修叹为观止，于是被录取为己亥科状元第一人。

当时，欧阳修并不知道刘煇就是当年被自己刷下去的刘几，后来知道后他深有感触地说：“年轻人有毛病改了就好，如今他的文章辞善通明，难能可贵啊！”

年龄最小

天下有诛赏，固非君所私。
太宗泣君集，意恐劳臣疑。
至公一以废，智术相维持。
哀哉功名士，汲汲尚趋时。

这首被清朝学者厉鹗辑于《宋诗纪事》之中的咏史诗，出自宋英宗治平四年（1067）丁未科状元许安世之手。许安世生于1040年，如果按这种说法计算，染疾去世时刚满44岁。如此说来，他也算作中国科举史上的英年早逝者了。

许安世从小就聪明过人，并师从于当时闻名的学问大家，其诗曾为欧阳修等文坛巨匠所推崇。在上一科时，他就兴致勃勃地参加了考试，等到放榜的时候，人家都急不可耐地前去观看，唯独他却显现出不以为然的样子，骑着一头毛驴慢悠悠地在路上颠簸。随从的家人比他都着急，看见有返回来的人就上前询问：“知道今年谁考第一吗?”被询问的人回答说：“彭汝励。”一听说是彭汝励，许安世马上对家人说：“往回走吧，不去看了。”家里人说：“既然来了，还是去看一看吧。”许安世有些急了：“第一名已被别人夺去，我还看什么呢?”家里人最后才明白他说这话的意思，也就是说，状元非他莫属啊!

等到下科张榜时，不出所料，状元的桂冠真的落在了他的头上。

长寿状元

在宋代状元中，有一位活到87岁的最长寿者，他的名字叫黄裳，是宋神宗元丰五年（1082）的状元。

黄裳从小读书时就有在天下夺魁的志向，他曾经自叙：“予家剑潭之滨，斗牛之光，上下相照，风雷之信，时有变现。”宋神宗元丰四年（1081），他家乡的谯门突然被雷电所击，黄裳听说后特意赋诗一首。诗云：

风雷昨夜破枯株，借问天公有意无?

莫是卧龙踪迹用，故教头角入亨衢。

第二年，黄裳在对策中果然擢取第一名，成为宋神宗元丰五年壬戌科状元。

命舛学子

“不因南省火，安得状元焦。”这句风行一时的谚语，引出一个多少带有点悲剧色彩的科考故事。

宋神宗元丰年间，有一个远近闻名的学者，名字叫焦蹈。他精通经史百家，曾多次在州郡的考试中名列第一。但说来也怪，他就是过不去省试这一关，几次应考都以失败告终。

宋神宗元丰八年（1085）他又一次参加省试，当时他和参考的举子们都在贡院居住。大约在半夜时分，贡院突然起火，熊熊的火焰无情地吞噬了陈之方、马希孟等人。大火之后，朝廷决定另外选择地方重新进行考试。在重新考试中，焦蹈一举夺魁。也巧，那一年朝廷又决定不再殿试，这样焦蹈就名正言顺地成了宋神宗元丰八年（1085）乙丑科状元。焦蹈时来运转多少与贡院失火有些关系，所以人们才开始盛传那个谚语。

据说，姑苏有个盲人喜欢为人占卜算命，焦蹈发榜之日他却嗟惋不已。有人向他询问焦蹈仕途如何？盲人说：“不能食禄，安问官职也?”不久，有从京师来的人说，焦蹈当了六天状元就乘鹤归西了。

哲宗赐诗

何昌言是宋哲宗绍圣四年（1097）丁丑科状元。他中状元以后，哲宗皇帝特意为他赐诗一首，以资勉励。这在中国古代科举史上是极为少见的。

何昌言自幼就勤奋好学、志向高远，一心想通过科考的途径步入仕途。宋哲宗绍圣三年（1096），他通过乡试考中举人。第二年，他正好到了而立之年，又夺得了状元。由于他策对做得好，所以得到了皇帝的赏识。皇帝欣喜之余，破例为他作了一首题为《状元何昌言还乡歌》的诗。诗云：

庐江才子文胆雄，家世簪缨台省中。
今年来献康时策，跨得青天第一龙。
南国重来学者多，因此人人壮心赤。
淦阳有翁霜鬓须，满眼儿孙皆读书。

直言敢谏

封建社会的皇帝是明君还是昏君，能不能纳谏恐怕是一条重要的衡量标准。能“纳谏”固然可敬，而更可贵的是鼓励“进谏”。宋高宗绍兴二年（1132）壬子科开科考试时，高宗就向考官提出这样一个条件，要求各位考官要特别注意发现那些直言敢谏者。

考试开始后，杭州钱塘考生张九成被安排在第一排参加考试，当时他觉得很别扭，总觉得一个个考官在眼前晃来晃去，必然会影响他的考试情绪，弄不好还会产生一种浮躁的心理。但不满意归不满意，他还得硬着头皮地坚持下去。

张九成这个考生非同小可，游学京城时就曾拜著名大儒、理学家杨时为师，一时间声名显赫。因为他有较深的学问功底，所以在考场上才能有淋漓尽致的发挥。他在文章中说："祸乱之作，天所以开圣人也；愿陛下以刚大为心，勿以忧惊自沮。臣观金人有必亡之势，中国有必兴之理，夫好战必亡，失其故俗必亡，人心不服必亡，金皆有焉。""前世中兴之主，大抵以刚德为尚，去谗节欲，远佞防奸，皆中兴之本也。"

宋高宗阅卷时，完全被他文章中的观点所吸引了，也恰恰体现出了直言敢谏的这一特点。于是，他御笔一挥，把张九成钦点为宋高宗绍兴二年（1132）壬子科状元。

风华正茂

过去的读书人，能对对联是一个很重要的基本功。如果管中窥豹的话，通过属对可以看出一个人的学识水平和机敏程度。在南宋绍兴年间，有一个读书人汪应辰，从小就是对对联的高手，刚满18岁就考中了让人称羡的状元。

汪应辰从小就很有天赋，5岁就能读书，遇上生僻的难字也不放过。到了10岁左右，吟诗填词无所不能，尤其是应声属对，更是他的拿手把戏。他家境贫寒，买不起灯油，就经常白天捡柴禾用来晚上照明。一次，他捡柴禾走到一乡塾家的门口，老师看见小神童来了，为了检验一下他的真实能力，就故意出了一个上对让他对。其上对是：

韩愈十三而能文，今子奚若？

汪应辰略加思索，马上脱口对出下联：

仲尼三千而论道，惟公其然！

老师一听他对出的下联，睁大了惊奇的眼睛，乐得合不拢嘴，连称“工对”。因为在这个下联里，他暗含着对老师的褒奖。后来，当地一位官员听说汪应辰如此有才气，便将爱女许配给了他，为他日后的崭露头角提供了更为广阔的空间。

宋高宗绍兴五年（1135），他参加乙卯科殿试，试题是：如何看待“吏道、民力、兵事”？汪应辰在策论中说：“以为治之要以至诚为本，‘治道不在多言，顾力行何如耳’行有不得，皆反求诸己，吾（指皇上）之一身即正，则天下心悦而诚服’。”胡寅在评审此卷时，感慨地说：“尔年未及冠，而能推明帝王躬身之本，无曲学阿世之态。”

宋高宗读了他的殿试策，一直以为他是一位老成持重之士，等到唱名时一看，居然是一个风华正茂的年轻人，不由得惊诧不已。于是，宋高宗将其本来的名字汪应洋改为汪应辰，但其还意犹未尽，又命太监准备好笔墨纸砚，当即为他书写了一幅《中庸》。可想而知，小小年纪就能得到皇上赐给的一幅墨宝，是何等的殊荣！

恻隐之心

在一些人看来，科举考试中的应试之作是很难打动人心的。其实，运用任何一种体裁撰写的文章，都不可能篇篇华章、字字珠玑，但只要其中有几处点睛之笔，就能达到出其不意的效果。宋高宗绍兴八年（1138）戊午科探花陈修，就是靠着试赋中的几句话赢得了高中，并由此改变了他的人生命运。

陈修解试“四海想中兴之美赋”，其中的第五韵的隔对句神采飞动，耐人寻味。文云：“葱岭金堤，不日复广轮之土；泰山玉牒，何时清封禅之尘。”高宗皇帝阅卷时，被他文中的这几句话深深吸引。不仅钦点为进士第三名，而且越看越觉得这段话写得好，放下试卷之后还特意把这段话抄录下来，然后将此联亲笔写在纸上，又命令大臣把它贴在大殿墙壁的显眼之处。

等到传胪唱名时，陈修不由自主地往前靠了靠，主考官露出惊奇的目光询问：“难道你就是陈修吗?”陈修点了点头，便把这几句朗诵了出来，朗诵到动情之处，不觉得热泪盈眶。这位白发苍苍的老人引起了高宗皇帝的注意。高宗皇帝问：“你今年多大年纪了?”陈修战战兢兢地回答说：“七十三岁。”高宗又问：“你有几个孩子呢?”他难为情地回答：“臣尚未婚娶。”

听了陈修这个老者的回答，高宗皇帝动了恻隐之心，很快从宫中选出一位30多岁的施氏许配给她。与此同时，还给他准备了丰厚的礼品，令陈修万分感动。事后，人们把这件事当作笑谈，有人还作了一首打油诗，其中有这样两句：“新人若问郎年几？五十年前二十三。”

避免嫌疑

在人们的心目中，许多人一提到秦桧都会嗤之以鼻，因为他是陷害爱国英雄岳飞而留下骂名的奸臣。但从历史上看，他一开始做事也是比较谨慎的。

宋高宗绍兴十二年（1142），朝廷主持壬戌科进士科举考试。本来考取第一名的是秦桧的儿子秦禧，但秦桧为了避免嫌疑，而没有录取他的儿子。结果把当时的一个读书人陈诚之拿到第一名，陈诚之策对专主议和，正合秦桧的口味。正是因为秦桧的垂青，陈诚之摘取了宋高宗绍兴十二年壬戌科进士第一名的桂冠。

陈诚之中状元后，授左承郎，签书镇东军节度判官，历官秘书省正字、校书郎等。

钦拔状头

在宋高宗绍兴年间，有一个被皇帝誉为“小东坡”的读书人。他能被擢取为状头，得益于他的策论最合宋高宗皇帝的口味。这个读书人就是赵逵。

赵逵从小就聪明好学，读起书来一目十行，过目不忘。他尤其嗜好搜集古书，并用以考察历代朝廷兴衰成败之规律。当初，他参加宋绍兴二十一年（1151）辛未科殿试时，奸相秦桧本来早已拟定了状元人选，但宋高宗皇帝在审阅举子们的试卷时，一下子被赵逵的对策所吸引，越读愈发觉得写得好。于是，他便把赵逵拔为进士第一名。对此，秦桧一直记恨在心。他拿皇帝没办法，便把恶气撒在主考官和赵逵身上，先是罢免了主考官，又硬着头皮授给赵逵左承郎，签书剑南东川。

一直到三年以后，在高宗皇帝的再三过问下，赵逵才被朝廷召回，担任校书郎一职。据说，赵逵赴京时，秦桧曾授意税务官严格检查赵逵的行李，结果发现行李里除书籍外只有几两银子。

文理精妙

张孝祥是南宋著名的文学家、爱国词人，其词学苏轼，为豪放派重要作家之一。同时，他也是一名文状元。他之所以能够成为状元郎，用鲁迅先生的话说，也是“钦定”的。

张孝祥才气过人，写起文章来倚马可待。16 岁时就通过了举人考试。宋高宗绍兴二十四年（1154），他参加廷对时，主考官为了讨好奸相秦桧，拟定的状元人选是秦桧的孙子秦埙，而把张孝祥排在第二位。等到宋高宗皇帝阅卷时，拿起卷来一看就皱起了眉头，发现秦埙文章说的都是其爷爷挂在嘴边上的话，没有一点新意。再看名列第二的张孝祥的试卷，和前者一比较则大相径庭，不仅文理精妙，而且卷面也非常洁净，尤其是一手遒劲的颜体字更让他大为叹服。于是，张孝祥被拔为宋高宗绍兴二十四年甲戌科进士第一名，秦埙列在第三位。

状元的桂冠落在张孝祥头上，秦桧自然耿耿于怀。后来，又因为张孝祥力主抗金，反对议和，上书为岳飞平反，终于触怒了秦桧。结果张孝祥父子同遭迫害，直到秦桧死后，他们父子才有出头之日。

一鸣惊人

在宋代的读书人中，有一位令朱熹都非常钦佩的学者，他就是著名元杂剧《紫钗记》中的主人公、大名鼎鼎的状元郎王十朋。王十朋的科考之路，真可谓举步维艰。他虽然天资聪颖、勤奋好学，但从小家境贫寒、入不敷出。为了贴补家用，他不得不在梅溪设帐授徒，一边教书一边备考，发愤一定要学有所成。

在廷对中，他一鸣惊人。以“权”为对，洋洋数万言，深得宋高宗赏识。其中“愿陛下正身以为本，任贤以为助，博采兼听以收其效”成为千古名句，多少年来一直在士大夫中广为流传。他也正是因为这鞭辟入里的惊人之语，得到了皇帝的激赏，亲擢他为宋高宗绍兴二十七年（1157）丁丑科进士第一名。

预言兑现

在封建社会，读书人考取状元，好多都蒙上了一层封建迷信色彩。宋孝宗乾道年间，萧国梁、郑侨和黄定三人成为状元，就使很多人惊诧不已。

据传，在永福有一句人们看来能够应验的预言，说“龙爪药红，状元西东”。结果，宋孝宗乾道二年（1166），萧国梁升为状元。在廷对中，萧国梁本为第二名，但因为第一名赵汝愚是皇室宗亲，并已有官职，不能成为状元，而把萧国梁提升为第一成为宋孝宗乾道二年丙戌科状元。也就是在这一年永福附近的石崖之上，果真生出茂盛的龙爪花，绵延几十里长。萧国梁的大魁天下，正应验了流传在人们口中的那句预言。

三年之后（即宋孝宗乾道五年，1169），郑侨也状元及第。又过了三年（即宋孝宗乾道八年，1172），黄定又为进士第一。三位状元均为其谶语所证实。

知遇之恩

过去的读书人一旦金榜题名，首先要感谢当朝皇帝的知遇之恩。因为他们心里都非常明白，即使你成绩再优秀，没有皇帝的恩准，你也是很难擢取为状头的。

湖南湘阴的王容，就是这样一位知恩图报之人。他从小就热爱读书，而且记忆力惊人，曾被家里送到岳麓书院就读。宋孝宗淳熙十年（1183）冬天，他进京赶考。第二年春天，家里传来消息说他哥哥突然去世，结果他未等开榜就急匆匆地赶回家去。到家后不久，就得到了被录取的消息，但非常遗憾，他已经无法参加殿试了。

又过了两年，他才又一次进京赴考，结果这一次他居然拔了头筹，一举成为宋孝宗淳熙十四年（1187）丁未科进士第一人。中状元后，为了感谢孝宗皇帝的知遇之恩，他特意写了一首诗呈献给皇上。诗云：

天上催班晓色晴，五星伏尽极星明。
奎章读罢三千字，胪唱传来第一声。
名实两言虽朴语，始终一节悉真诚。
圣恩深厚难图报，愿罄愚衷毕此生。

皇恩浩荡

临轩策士岂徒然，嗣守不基务得贤。
尔吐忠言摅素蕴，吾縻好寿副详延。
爱民忧国勿终怠，厚德深仁赖广宣。
赐宴琼林修故事，朕心期待见诗篇。

这是一首御赐诗，说的是宋光宗绍熙年间，有一位读书人余复在殿试中一举夺魁，成为光宗朝第一位状元。当时皇上特别欣赏他的试卷，欣喜之余亲擢余复为宋光宗绍熙元年（1190）庚戌科进士第一人，并赐给他这样一首诗。

余复读了这首皇上的御赐诗后受宠若惊，深深感受到了皇恩浩荡，随即唱和一首，以表达忠君之心。诗云：

风虎云龙岂偶然，信知盛世士多贤。
虞庠教育蒙深泽，汉殿咨询愧首延。
褫褐遽沾琼宴宠，赐诗齐听玉音宣。
爱君忧国平生志，敢负周王宴乐篇。

壮志未酬

陈亮是南宋著名的思想家、政论家、爱国诗人。他为了实现自己的政治抱负，不得不通过科举的途径来实现自己的崇高理想。最后他虽然一举夺魁，但还没到任便因病谢世。纵观他的科考经历，确实让人感到有一种悲凉的色彩。

陈亮初名汝能，字同甫，人称川龙先生。他少年时代就智慧超群，能文章，负气节，为人豪迈，喜欢谈论兵家之事，尤其是其词作大气磅礴、直抒胸臆，因此成为南宋豪放派词人的重要代表之一。宋孝宗淳熙五年（1178），他以一介布衣的身份连续三次上疏皇上，纵论时事，力主抗金，并要求面见皇上当面直言。尽管皇上很震怒而有意要见他，但终因大臣们百般阻挠，他的愿望仍然成为泡影。后来，他愈发感到无官之人人微言轻，要想获取直面皇上的机会，必须走科举之路先取得政治地位，然后才能逐步实现自己的政治抱负。

宋孝宗隆兴元年（1163），朝廷与金国议和，许多人都盲目地欢欣鼓舞，唯独他极力主张抗金。当时他已经在乡试中获得解元，但他不为一己私利所左右，毅然上书《中兴五论》，结果就是因为这番言词恳切的谏言，而在后来的会试中落选。当时的主考官是何澹，对此陈亮自然耿耿于怀，并由此很看不起何澹，觉得他没有气节。何澹对陈亮也怀恨在心。有一次，陈亮与同乡喝酒，借着酒劲儿说了一些对孝宗重用小人的不满，后被人告发。何澹觉得这是一个难得的机会，便命人把陈亮抓来严刑拷打，投入大牢。后有人把这件事通报给孝宗，孝宗网开一面，说："秀才醉后妄言，何罪之有?"何澹这才把他放出来。

宋光宗绍熙四年（1193），陈亮参加殿试，殿试由光宗主持，其试题为"礼乐刑政的关键是什么?"陈亮以君道、师道对，他在文章中劝谏光宗应该每周都去重华宫朝拜孝宗一次，为群臣以及东宫太子树立榜样。在此之前，有的大臣就此事也专门进谏过，但光宗不以为然。这次他读了陈亮的文章觉得观点鲜明、论据有力，有强大的震撼力，让他幡然醒悟地认识到自己虽然为天子，也应该有父子之情、父子之礼。主考官进呈试卷时，陈亮的试卷名列第三。光宗御览时，深深被这个名列第三的试卷吸引了，于是将这份试卷擢为第一。等到拆封一看是陈亮，光宗更是喜不自胜，并沾沾自喜地说："朕擢果不谬。"

他在殿试中名列榜首，成为宋光宗绍熙四年癸丑科进士第一人。这时他已年过半百，被授签书建康判官。结果人还没有到任，他就一病不起，撒手人间，抱恨终天了，其宏愿终究无法实现。

人情冷暖

大凡终有成就者，可能都尝受过人情冷暖、世态炎凉的滋味。在封建社会，这类丑陋的现象更是司空见惯、屡见不鲜。宋理宗绍定五年（1232）壬辰科状元徐元杰就有过切肤的感受。

徐元杰自幼家贫，生活拮据。据说进城赶考时，连路上的盘缠都拿不出来。无奈之际，他只好向亲朋好友借贷，结果有的人即使伸出援助之手，也露出很瞧不起他的样子；有的人干脆一口回绝，还要数落他几句，弄得他十分尴尬，狼狈不堪。紧要关头，还是曾教过他的老师资助他一些银两，才使他终究踏上这条艰辛的科考之路。

徐元杰从小就喜欢读书，而且聪明过人，每天坚持阅读数千言，过目不忘。年轻时，他曾经跟朱熹的门人陈文蔚、真德秀学习理学，并领悟到理学的真谛。他思维敏捷，尤其擅长策论文章。在参加殿试时，理宗以帝王之学向他发问，徐元杰不慌不忙，侃侃而答。他说："就拿帝王之学来说，本原在于一心，欲求帝王之治，当求帝王之道；欲求帝王之道，当求帝王之心。"

接着，他又向理宗提出"固民心""肃军心""正士大夫之心"等三大安邦济世之策，并强调此三者又以"还君心"为本。具体地说，“盖民者，国之命脉也；兵者，国之精神也；士大夫者，又国之医师砭剂也”。正因为如此，他又进一步论述道：“今陛下所慕者，帝王之道；所鉴者，汉唐之言；所取者，祖宗贻谋之善。则其所谓正军民之心者，要莫先于正士大夫之心，而其所以正士大夫之心者，又不过先正陛下之心而已。”理宗听了他有理有据的论述后，不由得龙颜大悦，倍加赞赏，于是把他擢为殿试第一名，使他成为了宋绍定五年壬辰科进士第一人。

徐元杰中状元的消息像长了翅膀一样，很快就传开了。他刚刚返回家门，前来贺喜的人就接踵而至，尤其是当初说风凉话、对其以轻蔑目光的人更是一反常态，满嘴的甜言蜜语，昔日“门庭冷落车马稀”的情形为之一扫。此情此景，让徐元杰的心里很不是滋味。

有惊无险

宋理宗嘉熙二年（1238）戊戌科状元周坦，在考取状元时经历了一段有惊无险的过程。

当时有一个同考者叫邵泽，他在廷对时被一位内侍的人一眼相中，原因是这个人发现邵泽所磨的京墨甚佳，就向其张口索要。邵泽尽管心里有点舍不得，但一看是朝廷里的内侍提出索要，就敞敞亮亮地拱手相让了。内侍一看邵泽这么慷慨，一点也不吝啬，就对他产生了好感，并告诉邵泽：“主上御院亲建一亭，命名为‘定一’。皇上说：‘若有人用此立说，当取为状元’。”邵泽知道了这个信息之后，在笔试中就按内侍说的以“定一”立题，很快就写出一篇文采飞扬的文章。内侍一看叹为观止，马上回奏给理宗皇帝，皇帝大喜，命立刻搜求此卷，打算钦定首选。

然而，人算不如天算，朝廷的主考官们已经提名周坦为状元，理宗也就默许了，最后定邵泽为榜眼。众大臣欢呼雀跃，纷纷祝贺说，真是值得庆贺，皇上陛下今天既得到了周坦，又得到了邵泽。

上殿亲试

过去的读书人，只有通过科考这一条路，才能有希望被朝廷所任用。所以一介书生往往都拼尽全部的精力皓首穷经，力求通过科考而获取功名。但也有这样一位读书人，中了状元以后却提出让给自己的老师，其品格确实让人钦佩。

这人名叫姚勉，字飞卿，号雪坡。说起他的“号”来，还有这样一段让人痛心的故事。姚勉刚出生时，由于母亲出身微贱，所以他被人抛弃在野外的雪地里。第二天，一位过路人突然听到婴儿的哭声，通报给他的家里，他的父亲才把他抱了回来。姚勉长大后，为了不忘记这一段经历，特意以“雪坡”为自己的号。

姚勉从小就勤奋好学，长大以后，很顺利地考取了宋理宗宝祐元年（1253）癸丑科状元。自己虽然榜上有名了，但老师乐雷发却考一次落第一次，对此他一直耿耿于怀。有一天，他上书理宗皇帝，请求将自己的科名让给老师，皇帝读了他的上书，深深地为他的真诚所感动。于是，理宗特意下诏召乐雷发上殿，由皇帝亲自对其测试，测试后赐给乐雷发特科第一名。

爱国诗人

“人生自古谁无死，留取丹心照汗青。”这脍炙人口的诗句，许多人都知道他出自爱国诗人文天祥之手，但可能很少有人知道，他不但是一位著名的爱国诗人，而且也是一位声名卓著的状元。

文天祥的出生就很有传奇色彩——

宋理宗端平三年（1236）五月初三这一天，其祖父文时用突然做了一个白日梦，梦见一个天神似的孩子腾云驾雾般飘然而降，可是不一会儿又消失在迷雾中。就是在这一天，他的长孙来到了人间。于是，他对儿子说：“我的梦是一个好的征兆，预示着吉祥。我的这个孙子就叫“云孙”吧，字天祥。”

少年时，文天祥就仰慕欧阳修、胡铨、扬邦义等人的忠义，他一生中最大的兴趣就是读书，而且成绩非常优异。宋理宗宝祐四年(1256)，刚满 20 岁的文天祥就参加了丙辰科殿试。他面对朝廷的内忧外患，以“法天不息”为对，洋洋万言，一挥而就。考官王应麟称其卷“古谊若龟鉴，忠胆如铁石”，遂被理宗皇帝钦点为丙辰科状元。

物色驸马

民间有一句俗话："不怕没好事，就怕没好人。"宋理宗开庆元年状元周震炎的悲剧结局，正好验证了这句话。

周震炎一表人才，相貌堂堂。在他应试之时，正好赶上理宗皇帝为女儿物色驸马。考官丁大全知道这个消息以后，为了向理宗献媚，主动提出可以在新科进士中挑选一人。理宗默许后，丁大全便开始帮助寻觅了。

说来也巧，在应试的考生中，丁大全一眼看中了周震炎，为了让他取得好的成绩，他事先私下里把试题告诉给周震炎，由于周震炎事先知道了考题的内容，所以轻而易举地得了第一名。后来丁大全又听说周震炎是太平洲人，更加喜出望外，马上又跑到理宗跟前，逢迎着说："这是太平状元啊！"理宗听了他的话后非常高兴，从心里感谢丁大全。

然而，让理宗和丁大全始料不及的是，尽管他们谋划得如此周密，但理宗的女儿却不买他们的账。在理宗的女儿看来，周震炎虽然长得很英俊，但毕竟已经是快到30岁的人了，所以说什么也不答应这门亲事。结果，丁大全的一番苦心白费了。但不管怎么说，周震炎捞取了一个宋理宗开庆元年（1259）己未科状元。

又过了几年，丁大全由于作恶多端而被罢官，周震炎也受到了株连，不仅状元的头衔被取消，而且从第一名降至最后一名。不久，便死于被贬的路途中。

不屑一顾

“贪天之功，占为己有”，这是对一切偷奸取巧之徒最绝妙的讽刺。历史上贾似道就是这样一个人。但是作为状元郎的张镇孙对此却不屑一顾，就是不买他的账，不但没有让他的阴险用心得逞，相反还让他在中国的科举史上留下了丑陋的一页。

张镇孙，字鼎卿，号粤溪，广东南海（一说番禺）人。他在少年时就学习刻苦，博闻强记，15 岁参加童子试，名冠诸生，声震乡里，被誉为“神童”。35 岁时，他以第五名通过地方的选拔考试。他在第二年的殿试中，洋洋七千言，很快就答完交卷。他在文章中提出“国家以民为命脉”的论点，建议朝廷实行“抑上益下”的政策，并斗胆提出严惩贪官污吏、弘扬廉政的主张。他的这些观点不仅被宋度宗所接受，而且极为赞赏，并钦定为宋度宗咸淳七年（1271）辛未科进士第一人，授秘书省正字，进秘书省校书郎。

在此之前，贾似道确实也很看好他，也有举荐拉拢之意，想不到还没等他付诸实施，张镇孙就靠自己的努力考取了状元。于是他在向张镇孙祝贺的同时，极尽笼络买好之能事，并不知羞愧地说：“子乃似道所擢也，省试当状元，惜相遇晚耳。”言外之意，你今天能当上状元，是我极力举荐的结果，如你是一个知恩图报的人，以后不仅要答谢我，而且还应该顺从我。换句话说，从此以后，你就是我的人了。

张镇孙自然明白自己是怎么回事儿，靠的是真本事才考取状元的。虽然是这样，如果是热衷于钻营之人，也许就会顺水推舟，乘机去靠近他、攀附他，因为他毕竟是朝廷权臣。但张镇孙却对此置之不理，不仅不去迎合他，而且更加的鄙夷他，宁可为此得罪权奸，也不做阿谀奉承之人。

睹文识人

刘撝是金太宗天会二年（1124）年状元，他不仅具有一种独特的睹文识人的本领，而且还乐于奖掖后进，因此不少读书人常常求教于他的门下。

一次，有一个名叫张景仁的举子，拿着自己写的文章请他帮助修改。刘撝接过来一看，不由得眼睛一亮，一眼看中了这个年轻人，从心里佩服他的才气。金熙宗天会十四年（1136），刘撝担任会试知贡举，张景仁正好参加这次会试。让人意想不到的是，他因被人抄袭而与抄袭者一同被处罚，双双落榜。刘撝知道后深为张景仁惋惜，同时也为错失良才而内疚。

后来，由于惜才爱才，他不顾家里人的反对和埋怨，把自己的长女嫁给了这个落第者。张景仁也不负所望，在金熙宗皇统二年（1142）考中进士，官至翰林学士、汉南尹、御史大夫，成为一代名臣。

未必皆能

金代海陵王完颜亮对科举考试作了新规定，取消经义、策论多科，专以诗赋取士。

金海陵王天德二年（1150）庚午科朝廷举行廷试，有一个名叫吕忠翰的读书人参加考试，策题是《王业艰难》，吕忠翰的策文颇受海陵王的赏识。海陵王特意将策文拿给身旁的杨伯仁看，杨伯仁也赞不绝口，并向海陵王举荐说："当在优等。"海陵王当即表示："此今试状元也。"杨伯仁因为知道吕忠翰名列第一的消息，所以一直寄宿在一个隐秘的地方不露面，直到唱名后才出现在众人的面前，海陵王称赞杨伯仁做事谨慎。

吕忠翰中状元后，历官至翰林学士，有一次奉旨撰写一篇《降海陵王庶人诏》，但反复修改了多次仍然不能让人满意。金世宗深有感触地说："状元虽以词赋甲天下，至于辞命，未必皆能。"一语道破了封建科举制度的弊端。

果然第一

在金代文状元名录里，有一个名叫郑子聃的读书人，他虽然聪明伶俐、能诗善赋，但总是愤世嫉俗、怀才不遇，常常埋怨自己得不了第一名。

一次，海陵王故意拿了一篇曾取得第一名的文章，问他怎么作赋？郑子聃傲慢地说："作这样的词赋非常容易。"海陵王听了他的话很不高兴，没想到这个年轻人这样狂傲。正隆二年（1157）丁丑科词赋开考，郑子聃正好参加考试。当时海陵王御宝昌门临轩观试，以《不贵异物民乃足》为赋题，《忠臣犹孝子》为诗题，《尤国如饥渴》为论题。海陵王对读卷官说："朕出赋题，能言之或能行之，未可知也。诗论题，庶戒臣下。"答卷出来以后，海陵王御殿亲览试卷，一看考中的73人中郑子聃果然第一，不由得露出了惊奇的神色。郑子聃中第后，授翼城丞，不久又晋官三阶。

连中四元

这里所说的“四元”是指乡试、府试、会试和殿试都得了第一名。

说的是金世宗大定三年（1163）间，有一个名叫孟宗献的读书人，他从小就聪明过人，而且擅长作诗和写文章，但由于骄傲自满，初次科考时却名落孙山。金国初辟进士举，首名词赋状元是南山翁刘撝，并成为一代词学宗师，许多名人学士都出于他的门下。孟宗献一开始虽然并不认识南山翁，但却十分推崇南山翁的文章，因此在他少年落第之时，决心以南山翁为榜样，将来做一个像南山翁那样有学问的人。

于是，他专辟一室，取来南山翁获中的应试赋剪成八韵，依类贴在墙壁上，行走坐卧皆吟咏深思。经过一段时间的努力，他便真正地领会了南山翁的下笔造微之妙。等到应试时，他得心应手，连续在乡试、府试、会试和殿试中获得第一名。这件事一传开，许多人都以为孟宗献是南山翁的学生。

在金代，以本县为主考的乡试的榜首为乡元，府试榜首为府元，会试榜首为状元。这是金海陵王天德年（1149）以前的科举制。到了金海陵王天德年改制以后，才增加了皇帝亲试这一科，即所谓的殿试，因此说孟宗献连中“四元”。

名占两元

吕造是金章宗承安二年（1197）丁巳科状元。

据元好问《续夷坚志》记载，吕造的祖父和父亲都是状元。吕造未中第时曾经做过一个梦，梦见有好几条龙从天际中蜿蜒而下，他便抓住吃进了肚里。就在这一年，正赶上他应考，结果不仅经义夺得第一名，而且在南省词赋的考试中又擢取殿元的头衔。中状元之后，他请人在他家的阁门上题写了这样两句诗："状头家世传三叶，天下科名占两元。"

他和他父亲一起在朝廷任职翰林。有一次，皇上命作《重阳诗》，因为吕造平时不喜欢学诗，所以他便诚惶诚恐起来。于是，他情急之中便写出这样两句："佳节近重阳，微臣喜欲狂。"把皇上逗得哈哈大笑，随即又命其他人补作。当时就有人嘲讽云："泽民不识枇杷子，吕造能诗喜若狂。"

然而也有人说，说吕造不会写诗不过是一时嘲笑之语，不一定是事实。

明代故事

应梦折桂

封建社会的帝王有着至高无上的权力，一句话就可以决定士子一生的命运。明朝开科取士之后，一般状元多出自会试的头三名之内。明太祖洪武十八年（1385）乙丑科举行会试，黄子澄、练子宁、花纶取得前三名的好成绩。

殿试过后，阅卷官们综合其他的一些情况，又重新确定了名次：状元花纶，榜眼练子宁，探花黄子澄。当时有一首童谣称：“黄练花，花练黄”，好多人不解其意，直到阅卷官排出名次，大家才知道是怎么回事儿。由此同榜进士都叫花纶为“花状元”，榜眼练子宁还作了一首《送花状元诏许归娶》诗，以表示祝贺。

就在唱名的头一天晚上，明太祖朱元璋做了一个梦，梦见一个巨大的钉子，上面点缀着几缕白丝，在阳光下缓缓飘动。起床以后，他便把这个怪异的梦告诉身边的人。正在大家议论纷纷、神秘兮兮地猜测是什么预兆时，阅卷官把拟定好名次的考卷呈送到太祖的面前，他拆开第一份试卷一看是花纶的卷子，觉得与自己做的梦没有一点必然的联系，就借口他太年轻把他的卷子搁置一边，而把练子宁擢升为状元，紧接着又把黄子澄提到第二的位置成为榜眼。在他信手往下翻、接着看的过程中，意外地看到一个贡生的试卷，一看名字不由得龙颜大悦，这位贡生的名字叫丁显，太祖越看越觉得与自己的梦相吻合，因为“显”字正是“日”下双丝。于是，他便顺理成章地把丁显钦定为状元，然后又将练子宁退到第二，把花纶列为第三。这样一来，黄子澄只能屈尊到三甲原来丁显的位置了。

这一年，丁显才 28 岁，其实他的殿试卷根本没有做完，而且也并不是那么出类拔萃，仅仅写了 300 多字就草草交卷了。他自己也不会想到，就是由于皇帝偶然地做了一个梦，就让他顶上了状头的桂冠。

不胫而走

如今，状元坊的牌楼，人们已经很难看到了。在封建社会，哪位读书人考取了状元，并能够得到皇上的恩赐建造一座状元坊，那可是光宗耀祖、风光无限的喜事儿。明太祖洪武二十一年（1388）戊辰科状元任亨泰，是历史上第一个荣获这种殊荣的读书人。

任亨泰从小就非常聪明，只要他读过的书都能背诵下来，家里也觉得他是一个可塑之才，便为他延请了当地名儒做私塾先生。老师管束得比较严格，他成天读的就是四书五经、子曰诗云，儿童好动的天性受到了相当大的压抑。在他 13 岁那年夏天的一个清晨，他终于经受不住鸟语花香的诱惑走出了家门，撑上一叶小船，在竹林里划起来。他想老师一定是昨天和父亲在一起喝酒喝多了，此时还在睡梦中呢！后来他把这一段经历写了一首《题扇诗》，很快这首童趣诗不胫而走，传诵一时。这首小诗是这样写的：

杲日初升万木低，画船撑出小楼西。

先生正熟朝天梦，门外山禽莫乱啼。

这首小诗，诗中有画，画中有诗，意境深远，耐人回味。读了他这首诗的人都说，这后生气度非凡，将来一定能大富大贵。

任亨泰在明太祖洪武十七年（1384）以贡生入太学，洪武二十年（1387）参加应天府乡试并中举，第二年又参加了朝廷主持的殿试。当时明太祖朱元璋亲自阅卷，他称赞其答卷“是卷文字，不蔓不支”“对策鲜明，以天下为己任”。于是御笔一挥，擢为进士第一人，而且还特别命令有司在其家乡湖北襄阳建造状元坊。此外，还赐给其妻国姓朱氏。圣旨建状元坊，就是从任亨泰开始的。

南北二榜

这是中国科举史上的一段奇闻。

明太祖洪武三十年（1397）丁丑科，春天张贴出一张进士榜，录取的都是南方人，其状元是福建人陈䢿；夏天又贴出一张进士榜，其状元是韩克忠。一科居然出了两个状元，在历史上是不多的，由此牵出一桩明朝开科以来第一场科举大案。

这年三月举行殿试，一共录取进士52名。说来也巧，这52名进士刚好都是南方人，状元陈䢿是福建的一名考生。这一下子可炸锅了，尤其是北方的那些落第举人更是愤愤不平、喊冤叫屈，怪罪考官刘三吾、白信蹈、纪善有徇私舞弊之嫌，因为他们三个人恰恰也都是南方人，很明显是在袒护南方人。

事情闹到明太祖朱元璋那里之后，朱元璋大怒。他认为北方人闹得肯定有道理，再说自己也是南方人，原来打天下时主要在南方活动，部下也多半是南方人，本来北方归附较晚，人心并未全服，况且朝廷中的南北官僚中早就有矛盾，如果这件事处理不好，势必会影响到南北方百姓的团结，甚至动摇朝廷的绝对统治。于是，他选派前科状元张信等翰林官重新复审落第试卷。

复审结果仍维持原榜。这样一来，又有人状告复审官与前考官勾结，把最差的卷子进呈皇上。这一来更激怒了朱元璋，下令将张信、白信蹈等十余人处死，刘三吾虽然也是死罪，但念其年老，发配新疆充军。就连新科状元陈䢿也不能幸免，一并戍边。后来又因一些御史进一步弹劾张信，牵涉到了陈䢿，他也被处以死刑。陈䢿是明朝91位状元中境遇最惨、寿命最短的一个。后来，太祖朱元璋为了安抚人心，缓和南北之间举子们的对立情绪，又于同年六月重开殿试，太祖亲自阅卷，取中61人，而且完全是北方人，亲擢韩克忠为状元。

三元六首

按照《尔雅》的解释，“元”“首”两个字均表示第一的意思。那么，何谓“三元六首”呢？其实它是中国封建社会科考当中的一个专用术语。“三元”即解元、会元、状元，“六首”即县试、府试、院试、乡试、会试和殿试皆考取第一名。明太祖洪武二十四年（1391）辛未科状元黄观，就是这样一位少有的出类拔萃者。人们称誉他说：“三元天下有，六首世间无。”

黄观从小就聪明过人，曾筑翠薇书舍勤奋读书，以博学多闻而闻名乡里。在封建社会考取功名谈何容易，而黄观居然能在六次大考中取得全部第一名的好成绩。前三次姑且不说，仅就乡试、会试和殿试的“三元”而言，更无异于“蜀道难，难于上青天”了。乡试第一名为解元，会试第一名为会元，殿试第一名为状元，状元是举子中脱颖而出的佼佼者，而三元及第更是状元中的顶尖人物。最难能可贵的是，所有这些桂冠都集中在黄观一个人的身上。

在殿试中，面对朱元璋的亲自策问，他胸有成竹、对答如流。以一篇《御戍策》举“天道、福善、祸淫之机，人事、练兵、讲武之法”为言，大力主张“屯兵塞上，且耕且守，来则拒之，去则防之，则可中国无扰，边境无虞”。明太祖御览后喜上眉梢，遂擢为辛未科状元，并授翰林修撰。时年，黄观仅仅 28 岁。

得益策问

明惠帝建文二年（1400）庚辰科殿试，在明代的科考史上是可以大书一笔的。其中，应考举子 1000 多名，光录取的进士就有 110 名之多，而在当科大魁天下的是江西永吉人胡广。

胡广在他很小的时候父亲就去世了，他勤学苦读，记忆力惊人，才气不凡，在乡试中夺得了第二名，在会试中夺得了第八名。他最后能当上状元，除了他优异的考试成绩以外，当然也有运气在里边，如果没碰上好运气，恐怕也是与状元无缘的。事情的经过是这样的——

本科殿试策问为“尧舜之世，亲则象、傲，臣则共、鲧”，旨在朱元璋分封的朱姓王，尤其是燕王朱棣。当时的对策最优秀者本来是考生王艮，惠帝心里已经盘算好了要将其擢为第一名。后来惠帝见到了王艮，觉得其容貌让他看不过眼，如果让他做状元有辱朝廷。相比之下，他觉得胡广的容貌要比王艮强多了，而且胡广的策论写得也不错，在对策中还多次指陈亲藩，文中有“亲藩陆梁，人心摇动”等这样的话，特别符合圣上的心意，于是就把胡广提升为第一名。

当然让胡广做本科状元，惠帝也觉得有美中不足，对他的名字怎么看都觉得不顺眼，认为他的名字不合时宜。于是，笑着问道：“胡能广乎?”“胡”指当时的少数民族，意思是说，北方敌国的领土难道还能扩大吗？如果“胡广”的话，必然对中原造成威胁，再说东汉也有一个重臣名为“胡广”。胡广当然知道圣上问这话的用意，便虔诚地摇了摇头。紧接着皇上赐名为“胡靖”，意思非常明显，就是说北方敌国已经被肃清了。

就这样，胡广当上了万众瞩目的明惠帝建文二年庚辰科状元。

夺魁之秘

明代永乐年间编纂了一套大型类书《永乐大典》，而编纂这套大型类书的副总裁中有一个名叫曾棨的读书人，他曾是永乐二年(1404)甲申科的状元。说起他中状元的事儿，还有一段耐人寻味的故事呢。

曾棨早年被父亲厌弃，小的时候常常是一边放猪一边读书。但他聪慧异常，博闻强记，不仅文章写得好，而且还写得一手好字，人称“江西才子”。当年参加殿试时，永乐皇帝特命主持试事的学士们用礼乐制度方面的经文命题，结果让许多考生出了洋相。只有曾棨居然没有打草稿就一口气写了两万多字，其对策写得洋洋洒洒，有理有据。永乐皇帝大为赞赏，在他的试卷上御批道：“通贯经史，识达天人。有讲习之学，有忠爱之诚，擢魁天下，昭我文明。”并在卷首朱书：“第一甲第一名。”

曾棨为什么能答得这么好，应该说得益于他的谦虚谨慎，处处留心。原来，会试之后，主考官解缙特别欣赏他的同乡、江西乡试解元刘子钦的才学，便特意暗中关照他说：“只要努力，状元非你莫属，你不妨从礼乐制度方面作一些准备。”可是，刘子钦刚愎自用，自恃才高，不仅不买他的账，而且还把听到的题意泄露给曾棨。言者无心，听者有意。刘子钦不经意的几句话，却让曾棨心领神会，铭记在心。于是，他抱着一种“宁可信其有，不可信其无”的心态，重点复习了有关礼乐制度方面的内容，使得他在考场上文如泉涌，一举夺魁。

相比之下，刘子钦大意失荆州，为自己的年轻气盛、目中无人付出了沉重的代价，结果被排在前十名之外。

圣上赐名

明成祖永乐年间，曾出过一对兄弟状元，哥哥叫马铎，弟弟叫李骐，一时为人们传为美谈。说起弟弟李骐的名字来，还有一段耐人回味的来历。

李骐的名字一开始叫李马，他是马铎的母亲别嫁到李家又生的儿子，因此马铎和李骐是异父同母兄弟。李骐从小就聪慧异常，10岁时就能通读《孝经》《论语》，并能理解其深刻的涵义。明成祖永乐十五年（1417）他在福建乡试时名列第一，成为解元；第二年又在会试时取得了好成绩。最终还获得了廷试的第一名，成为明成祖永乐十六年（1418）戊戌科状元。

当时，永乐皇帝在阅其试卷时，就觉得李马的名字不雅，便亲自用朱笔改“马”为“骐”，结果等到三天之后皇帝召见新考中的进士依次唱名传呼时，连续叫了三遍“李骐”的名字也无人应答。后来永乐皇帝连忙解释说：“李骐就是李马啊！”李骐才出列受诏，皇帝赐纱帽和银带朝服。从此以后，李骐每当写自己的名字时，都是将“骐”字墨写“马”旁，朱书“其”字，以示对皇帝的钦敬。

李骐中状元后，有人附会出这样一种说法：在他廷试揭榜之前，上科状元陈循曾经做过一个梦，梦见新科状元为一个木人骑在一匹马上，手里举着一杆令旗。等到金殿传唱名的时候正是李骐，“木人子”为“李”，黄旗也正好应御书“其”字。

确为偶然

捧领乡书谒九天，偶然趁得浙江船。
世间固有偶然事，岂意偶然又偶然。

这是明成祖永乐年间状元曾鹤龄中状元后写的一首诗。曾鹤龄从小就聪明过人，尤其精通《尚书》和《诗经》两部书。考取举人以后，永乐三年（1405）他和哥哥一同被乡里推荐考取进士。在这个千载难逢的机会面前，他首先考虑到父母年迈需要人照顾，便毅然决然地放弃了这次应考，把机会让给了自己的哥哥曾椿龄。结果哥哥考取了进士，并选为庶吉士，自己却一直留在家里照顾年迈的父母双亲。

后来哥哥为了让弟弟也去应考，又请假回乡照顾父母。不料哥哥回家后不久便一病不起，没过多久便离开了人世。这样一来，照顾父母的重担又落在了曾鹤龄的肩上。他不仅要照顾父母，同时还要供养嫂子和哥哥留下的幼子。没办法，他只好再一次放弃应考的机会。父亲去世后，家里的一切事务都由他一个人承担。直到侄子和自己的儿子都长大成人，他才辞别老母再一次赴京参加会试。

赴京途中，他与一些举子同乘一条船，这些同乡举子见曾鹤龄一个人坐在那里默不作声，故意提出一些问题让他回答。因为曾鹤龄知道他们多为年少狂生，并不是真心地探讨问题，便装作不知，闭口不谈。众举子便奚落他说："不过是凡夫俗子，偶然被人推荐而已。"于是便以"曾偶然"称呼他。可是等到会试揭榜时，同船的举子都没有考取，只有他独居榜首。这一年他正好 39 岁。

但说他"偶然"确也不虚。据说他能够大魁天下，确实有偶然的因素。此科廷试结束后，卷首本为刘矩，但成祖皇帝说他晚上做了一个梦，梦见一只仙鹤翱翔在殿堂之上，于是命令考官遍阅各个考卷，最后终于找出曾鹤龄的名字，于是列曾鹤龄为第一名，而刘矩只能屈居第二名。

因名高中

名字其实就是一个符号，但在封建社会，有的人因为起了一个皇帝喜欢的名字，就能带来金榜题名的好运。明代的读书人邢宽就是一个受益者。

邢宽从小生活在官宦之家，祖父和父亲都曾做过地方官吏。父亲因为常常同情囚犯，所以一直主张宽刑。儿子出生后，为了表明自己的心迹，也为了弘扬祖宗这种道德风范，便给儿子取了一个"邢宽"的名字。

邢宽从小就聪明伶俐，读起书来可以忘记一切，而且坚持几年如一日。他在明成祖十八年（1420）乡试中就考中举人，在四年以后的会试中又取得第七名的好成绩。本来廷试时，初拟孙曰恭为一甲第一名，但成祖在阅卷时发现“曰恭”二字竖行写在一起就成了“暴”字，心里大为不悦。因为这个“暴”字与他一向倡导的“为政应克己宽仁”相抵触，所以他觉得不能容忍这个“暴”字，于是他便将孙曰恭这个名字一笔划掉，又从别的试卷中找出了“邢宽”的名字。当时他一见这两个字，不由得眼睛一亮，正好与“曰恭”组合的“暴”字相反，便不由自主地说：“孙暴不如邢宽。”于是便决定邢宽为第一名。之后他还特意用朱笔把邢宽的名字写在榜首，并且赐宫词一首。

就这样，邢宽成了明成祖二十二年（1424）甲辰科状元。

坐怀不乱

不近女色、坐怀不乱者及第，这是人们最津津乐道的。吕相燮的《科场异闻录》根据明人焦竑《玉堂丛语》中叙述，演绎出这样一个故事——

曹鼐，字万钟，故里宁晋县东王里村。少年时就有鹍鹏之志，侍奉继母如同亲母，以孝闻名乡里。曾在山东泰和县任典史，酷爱读书，日夕不辍。县令开玩笑说：“你想考中状元吗？”曹鼐回答道：“我一定遵从你的命令。”明宣宗宣德七年（1432）他督率进京缴粮，就趁机写了投状参加顺天府乡试，没想到一试就中。

曹鼐任泰和县典史时，曾抓获一个非常漂亮的女贼。因天色已晚，来不及把女贼押回县衙，曹鼐只得与女贼一起到破庙里住宿。女贼为求脱身，屡以色相诱惑挑逗曹鼐。曹鼐亦非柳下惠，面对美色几乎要把持不住自己，他赶紧用纸片写下“曹鼐不可”四个字贴在墙上。过了一会儿，他揭掉纸片烧毁。一会儿再写，再烧。如此重复了无数次，才熬到了天亮。曹鼐终于做到了“拒腐蚀，永不沾”，将女贼押回县衙受审。

明宣宗宣德八年（1433）曹鼐参加殿试，一开始他有一点手忙脚乱，不知道该怎么作答为好，正在他冥思苦想的时候，眼前突然飘来一纸，曹鼐拿在手里一看，居然见纸上写有“曹鼐不可”四个字。当时人们通常都把状元称为“不可”，大概是取其“难以考取”之义，曹鼐一看见这四个字，顿时文思泉涌，没用多长时间就答完了试卷，一举高中明宣宗宣德八年癸丑科状元。从这一年开始，礼部赐宴祝贺中第的举人，以后历朝历代形成定例。后世进士能享受到礼部大宴，其实都是沾了曹鼐的光。

三元及第

纵观明代二百多年间，仅仅有两个“连中三元”的状元，一个是明太祖洪武二十四年（1391）以乡贡解元夺得会试、殿试第一名的黄观，另一个就是明英宗正统十年（1445）考中乙丑科进士第一人的商辂。

商辂是浙江淳安人，商家原来是当地的大户人家，到他祖父时逐渐走向衰落，以打柴狩猎为生。到了其父商霖，家境开始有了好转，他曾做过严州府的一个小官吏。有一次，在严州府境内的夜晚，突然传出清澈悦耳的丝竹声，而且声音由远及近，一直传到众官吏的住处。第二天早上，知府向诸位官吏问起这件事，询问是不是谁家有喜庆之事？可是众官吏个个摇头，都说不出是怎么回事儿。这时有一个人说，听说商霖家昨天晚上生了一个儿子，知府顿时惊叹起来，称这是一个吉祥的预兆，并答应给商家提供俸禄抚养这个孩子，这个孩子就是商辂。

事实正像知府所说的那样，商辂从小就聪明异常，五六岁时就能吟诗作赋，尤其是应对起来常常让一些成年人叹为观止。一次，他听说严州的主考官要乘船从他家乡路过，说啥也要让他父亲背着他前去看一看。等他们赶到码头时，人都散了，主考官也要开船离去了。一个读书人随口对他说，主考官给他们出了一个上联，结果谁也没对出下联。小商辂催促父亲快走，走到河边以后，他从父亲的后背上跳下来，先给主考大人作了一个揖，然后大声喊道："主考大人，能等一等我吗？"主考官抬头一看是个孩子，便和颜悦色地说："你是在喊本官吗？"商辂点了点头，乖巧地说："对呀，我也是来拦考的。"主考官睁大了眼睛，将信将疑地看着他，还以为他口出狂言呢！可一看他那一本正经的样儿，又觉得不是儿戏，便一边看着拉纤的船夫，一边说出一副上联：

龙须缕缕升天际。

商辂从他的眼神里似乎很快找到了答案，心想，你不是从纤夫身上出的上联吗？我姑且和你一样，也从纤夫弯腰用力的形象上对出下联，一边想着一边就说出了下联：

虎爪尖尖伏水中。

主考官一听，连续说了两个"好"字。叹服之余，他跳下船来，一个劲地对其父说："小子前途不可限量，你要好好培养啊！"

主考官的话并非虚言，商辂苦学成才的事实做出了最好的回答。他于明宣宗宣德十年（1435）夺得了浙江乡试的解元，第二年会试虽然落第，但他并不气馁，而是潜心苦读了十几年，终于在明英宗正统十年（1445）以会试和殿试双第一的成绩，夺得了令人称羡的会元和状元。

戏剧色彩

有明一代先后出了四个名叫周旋的进士，其佼佼者当然还是明英宗正统元年（1436）丙辰科的那个状元周旋。但说起他考取状元的事儿，总觉得有一点偶然的因素，充满着让人忍俊不禁的戏剧色彩。

尽管民间俗语说，人不可貌相，海水不可斗量。可是在明代选取状元时，其长相却是至关重要的一个条件。周旋在殿试中成绩相当优异，主考官杨士奇也明察秋毫，从第一眼开始就看好了他。如果按成绩说，他打算把周旋排在第一名向皇帝进呈。但话又说回来，他心里也没有多大的底数，也不知道这个人长得究竟怎么样，心想即使不是仪表堂堂，但起码也得让别人看着顺眼啊！当时英宗仅有7岁，名义上是由皇上钦定，可是从实质上说，此科状元就是由宰相们最后商量而确定。

为慎重起见，杨士奇在初选中认定周旋排名第一之后，决定最后再考察一下他的仪表。于是他对同考官说：“你们当中有认识周旋这个人的吗？这个人长得究竟怎么样？”同考官魏骥一听有人问起“周旋”这个名字，马上兴奋起来，因为他有一个同乡叫周瑄，正好参加此科考试，便应声回答说：“我熟悉周瑄，肌肤白皙，身材伟岸。”听了此言，杨士奇喜出望外，随即决定将周旋的试卷排在第一位呈送给皇上。

周旋被钦定为新科状元以后，唱胪时皇上召见新科状元的程序必不可少，可是谁也不会想到，周旋竟然是近似于丑陋之人。英宗大吃一惊，众宰相也惊骇不已，可是木已成舟，也没有别的办法了。

周旋就这样考取了新科状元。让人们感到欣慰的是，多少年后，周旋用自己的行动证明了杨士奇并没有看走眼。后来他担任明英宗正统七年（1442）同考官时，为朝廷选贤任能立下了汗马功劳。

少年登科

在科举时代，单纯考试成绩好也不一定能考取状元，因为其中有许多的变数：有人因为自己相貌丑陋而失去本该属于自己的状元桂冠，也有人因为别人的相貌丑陋而自己得以大魁天下，而明英宗正统四年（1439）己未科进士第一名施槃就是这样一位受益者。

施槃小时候家里很穷，但他却颖悟过人，读书过目成诵，有“小神童”之称。京城有一位姓张的都御史听说以后，非要亲眼见识见识不可，便故意找了一个机会来到施槃家。当时小施槃恰巧从亲戚家吃饭跑回来，被张都御史一把拉住：“听说你小小年纪能吟诗作对，我倒想看看是真是假。我这儿有一个上联，许多人都对不上来，今天我想看看你能怎么样?”没等小施槃答复，他便把上联说了出来：

新月入弓，残月入弓，上弦弓，下弦弓。

说完以后，故意用眼睛的余光睨着小施槃。小施槃眼睛瞅着太阳就快落山了，晚霞映红了半边天，便应声对道：

朝霞似锦，晚霞似锦，东川锦，西川锦。

小施槃的话音刚落，立刻赢得了张大人的连声赞叹：“真是奇伟之才啊！将来一定能出人头地。”后来的事实证明，这话让张大人言中了。但说起施槃出人头地、最终考取状元，还有一段让人哑然失笑的故事。他参加殿试结束后，阁臣阅卷本来打算把张和排为第一，可又不放心他的外貌是不是英俊潇洒，于是英宗派小黄门到张和的家里去打探，小黄门一走进张和的家门，发现张和好像一只眼睛有点毛病，便跑回来如实禀报。英宗一听，心想：朝廷怎么能选择一个眼睛有毛病的人做状元呢？于是，马上把张和降到二甲，而把原来排在第二的施槃升为第一。就这样，年仅 23 岁的施槃一举成为当科状元。

施槃考中状元以后，仍然给自己规定出日课，并利用翰林院的丰富藏书孜孜苦学，恭勤职守，深得器重。在他病重期间，前去探望他的幕僚络绎不绝，去世后满朝文武大臣深为痛惜。据说《明诗纪事》有这样一首《送友》诗，表达了人们对他英年早逝的悼念之情。诗云：

杨柳含烟翠欲流，杨花飞雪点行舟。
春风送别淮阴道，落月啼鹃动客愁。

封侯之兆

科场情态，无奇不有。有的考生可能在考场上遇到天灾，有的考生也可能在考场上遇到人祸……有的考生也可能由此而一蹶不振，终身绝意于科考；有的考生也可能逢凶化吉交上好运。明代宗景泰年间的举子王越当属于后者。

明代宗景泰二年（1451）辛未科殿试快要结束时，突然狂风大作，一时间黄尘蔽日、铺天盖地。一个个考生顿时紧张起来，有的本能地伏在案上，拼命地保护着自己的试卷；有的还没有转过神来，漆黑的墨汁便泼在自己的试卷上；还有的眼睁睁地看着自己的试卷随风而去，转眼工夫不知刮到哪里去了。当时浚县考生王越的试卷就让风给卷起飘上了天空，不知落到哪里去了。王越叫天天不应、叫地地不灵，眼巴巴地望着自己的试卷被风卷跑了。

后来，王越回忆说，试题已经全答完了，而且已经工工整整地誊录完了，虽然卷子刮跑了，好在自己的底稿还在。对此，弥封官叶盛深表同情，便向监试官建议："这件事应该奏明皇上，可否作特殊处理？不然的话，真的让这名考生再等三年，也真有点太冤枉他了。"后来皇上觉得叶盛说的有道理，便下诏让礼部重新给王越一张空卷，让他誊录。由于王越的文章篇幅特别长，况且又是重新誊录的，所以尽管卷子把名字糊上了，许多人也都知道是他的试卷，最后评定时他的名次仍然比较靠前。

说来也真的是巧极了，第二年高丽（今朝鲜）国的使者来到朝廷，并给朝廷带来一件礼物。人们打开一看，正是王越的那份刮跑了的试卷，而且完好无损。朝廷上下震惊，有的看星相的人附会着说，这分明是"万里封侯之兆"。说来也怪，多少年后，王越果真在西北一带以武功而扬名，爵封威宁伯。

名不副实

状元是中国科举制度下的最高荣誉，在这种荣誉的下面也不免存在着"盛名之下，其实难副"的现象。明代宗景泰二年（1451）辛未科的状元柯潜，严格地说，他就是一个名不副实者，因为他最初并不在三鼎甲之列。

殿试后，内阁大学士陈循阅完试卷，便从中挑出三本他看来是最好的卷子放在一旁，把其余的哪些属于二甲、哪些属于三甲的都依次地挑出来，分门别类地安排人封存起来。然后，他抱着三本好卷子回到内阁南房，聚精会神地阅读起来，一边圈点比较，一边在虑算着这三本卷子的名次。他进南房之后，正好弥封官叶盛来到大厅，发现还有六七本卷子散放在那里，不知道应该如何处理。

过了一会儿，礼部侍郎兼翰林学士王一宁走过来，他把陈循拉到外面咬着耳朵说了几句话。话音刚落，只见陈循急匆匆地走进大厅，从剩下的那几本试卷中抽出一份，转身回到了南房，不加任何思索地把这本试卷拟定为第一。没有不透风的墙，后来人们终究还是知道了当初他拿的那本试卷并不是柯潜的，而是从原来的三本中剔出的该科会元吴汇的，把他列为了本科殿试的第四名。

柯潜虽然稀里糊涂地当了状元，但他在以后多次担任乡试、会试考官时却能拒受请托，拔擢公允。一次，他前往应天府主持乡试，从一条船路过淮阳，有一位举子趁夜黑人静之机前来求见，并拿出黄金以行贿赂。柯潜不仅大怒，还命人把他捆绑起来严加惩处。

得益机缘

对大多数读书人来说，想考取状元靠的是真才实学，但对有的人来说，总是得益于一些让人莫名其妙的机缘。明代宗景泰五年（1454）甲戌科的进士第一人孙贤的夺冠就有这种意味。

明代宗景泰元年（1450）孙贤中举之后，第二年便赴京参加会试。途中在一个农家寄宿，让他意想不到的是，虽然素昧平生，但这家人对孙贤却是格外的盛情。这样一来，倒使得孙贤有些丈二和尚——摸不着头脑了。考虑再三，他向主人问道：“是不是家中还有其他贵客?”主人回答说:“今天所宴请的贵客就是你啊!因为昨天夜里我做了一个梦，说有一位状元要到我家里来，你今天有幸到家里来，正应验了梦里说的这件事。”孙贤听了主人的话，心里暗暗高兴，虽然那次落第而归，但三年后终于如愿以偿。

还有一种传说，说的是孙贤参加殿试时，代宗朱祁钰偶然走到他的跟前，问他叫什么名字?孙贤回答说:“孙贤。”代宗听了他的回答后，随口说了一句:“但愿子孙贤。”代宗随随便便说的一句话，却让一些势利小人听到了，他们以为皇上有意于孙贤，便挖空心思地取悦皇上，硬是把本来拟定为状元的丘浚以“其貌不扬”为理由给拿下来改为二甲第一，而把孙贤定为一甲第一名。

桂冠旁落

明英宗天顺四年(1460)，有一个名字叫祁顺的读书人，顾名思义，当初他的父辈给他起这个名字，大概也是取“祈求其顺顺当当”的意思。让他父母万万没有想到的是，就是他们给儿子起的这个名字，不仅没有为儿子实现凡事“顺顺当当”的愿望，相反倒给儿子带来了晦气，本来应该属于自己的“状元”桂冠，却轻而易举地戴在了别人的头上。

这一年庚辰科殿试，阅完卷后，参与阅卷的大臣们一致推举祁顺为本科状元。在选好前十名的卷子之后，准备呈英宗朱祁镇审定。没想到送呈途中正好遇上了司礼太监，太监顺口问了一句:“谁是第一名呢?”阅卷大臣回答说:“祁顺。”太监说:“想来这个人一定不错，其考卷肯定是出类拔萃的。但是有一点你们注意没有?传胪唱名时其名字与皇上的名字读音相近，这恐怕不太好吧!”太监说的这番话，也让其他的一些阅卷大臣听到了。大家一琢磨，是觉得不是那么回事儿，于是便将名列第二名的谢一夔的考卷挪到了第一位。这样一来，谢一夔顺理成章地当了明英宗天顺四年庚辰科状元，而祁顺就是因为名字的原因而屈于二甲的位置。

谢一夔状元及第后官至尚书，一些人称其得父辈阴德。当初其父为汀州推官，廉能勤政，深得民心。尚书张瑄还特意为他作了一首诗。诗云：

忠言极谏拯疲民，勠力勤王不顾身。
百战能缘王事烈，万家因感使君仁。
春日瘴地棠阴满，雨过山城草木新。
子占大魁孙血食，皇天应不负斯人。

多年后，谢一夔被点中状元，正好应验了“子占大魁”这句话。

火烧旺运

在中国几千年的封建社会里，人们都信奉“因果报应”之说，尽管有时候未免牵强，但人们总觉得有一种冥冥的东西在主宰着这个世界的万物。于是，在人们的思维定势中，“好人必得好报”似乎是一种定律。明英宗天顺八年（1464）彭教最终考取甲申科状元一事，似乎就说明了这个问题。

彭教参加会试的途中，住在一家客栈里。有一天，有人突然从楼上泼下来一盆水，一枚金钏子随之落在了地上。他的仆人发现后，马上捡起偷偷地藏起来。走了十几天后，身上带着的盘缠已经快用光时，仆人才把金钏子拿出来，告诉他自己把金钏子藏起来这件事。

彭教听说这件事以后，马上说："必须尽快还给人家。"仆人说："如果再返回去，恐怕就赶不上考试了。"彭教说："宁可耽误考试，也必须先把人家的东西送回去。很显然，这枚金钏是一个女子丢失的，如果她的父母以为她私下里送给了别人，弄不好会逼出人命来。人命关天，考试事小。"于是，他们急匆匆地赶回来，结果正像彭教分析得那样，这名女子正欲自杀，而这枚金钏挽救了她的性命。

其实，就是这枚金钏，挽救的是两条生命。就是这场会试，陈文和柯潜分别担任主考和副主考，开考那天考场上突然发生了特大火灾，当时有 90 余名举子不幸遇难。而陈文、柯潜等主试官员都是在仓皇中跳墙逃脱的。就是这枚金钏，让彭教错过了试期，也躲过了一场灾难。他不仅命不该绝，而且在第二年春天的殿试中脱颖而出，一举考取状元。试想，尽管彭教很有才气，但大火毕竟烧死了 90 余名士子，很难说其中没有超过他之人。再说了，这场灾难也影响了所有当时参考者的情绪。从这个意义上说，这场大火对死伤者及其他们的家属当然是一场厄运，但对彭教来说，无疑是不幸中的万幸了。

难得人才

萝卜丝教萝卜丁，一畦白萝卜；
油管松加油管紧，两根坏油管。

冷不丁读这样一副对联，可能让人一头雾水，但你如果知道这副对联背后的故事，就会觉得这副对联的下联机警俏皮、情趣盎然了。而且不得不对一个聪明伶俐的孩子刮目相看，这个孩子就是多年后一举成为状元的罗伦。

原来，罗伦在很小的时候就考取了秀才，有的人对此不以为然，还说一些风凉话，说科举足以让人在这条路上消磨一生。罗伦不这么看，他认为“举业非能坏人，人自坏耳”。知府张暄知道这件事以后，认为罗伦说得对，小小年纪看问题如此深刻，让他深为佩服。为了验证虚实，他总想找个机会实地检验他一下。一次，他找到永丰知县宋瑞，两个人商量各取一个假名，一个叫张学松，一个叫宋怀瑾，化装成游馆先生去乡学馆检查授学质量，其目的主要是考核一下教书先生和这个学生。

对游馆先生督学，乡学早有领教。一般地说，都是惹不起的主儿，先生们为了能使自己有一口饭吃，谁也不愿意得罪他们，往往都是任凭他们怎样横挑鼻子竖挑眼，只能是无可奈何地接受。张暄和宋瑞来到罗伦就学的金牛山乡学以后，提出要出个对子让师生们对，并开口就把开篇那个上联说了出来。师生一听，这分明是在贬损和讥笑大家，但干生气却对不出下联来。尤其是先生罗甫更是怒火中烧，一时想不出既显现水平又能反唇相讥的妙对来。大家面面相觑之时，罗伦突然站立起来，说出了这副生动有力的妙对。“游馆”与“油管”谐音，而且以“松”和“紧”影射张学松和宋学瑾，结果知府和知县装作游馆先生，却让人说是坏“油管”（游馆）。因为两位大人来的目的非常明确，所以听完了这副绝妙的工对不仅没生气，相反倒哈哈大笑起来，不得不承认罗伦确实是难得的人才啊！

明宪宗成化二年（1466）罗伦参加廷试，他的对策洋洋数万言连草稿都没打，就直接写在试卷上，因为他早立下宏愿，一定要在廷试中名扬天下。为了充分表达自己的观点，他几次要求考官多给他几张纸，其在对策中直斥时弊，名震都城。后来誊录官李贤读他的试卷时，因年事已高，又加之卷子太长，读完以后都站立不起来了。宪宗看见这种情景，马上让两位内臣将李贤扶起来。在议论名次时，有人提出

“从字面上看罗伦赶不上程敏政”，但李贤却力排众议、坚持己见，他说：“论文不论书。”于是把罗伦选拔为第一名，宪宗支持李贤的意见，罗伦成了明宪宗成化二年丙戌科状元。

无心插柳

熟悉科举文化的人都知道，吴宽是明代著名的八股文大家。可能很少有人知道，当初他是爱好古文、鄙薄时文的代表性人物。他最后能一举考取状元，应该说是无心插柳柳成荫的结果。

吴宽从小就聪明过人，才华出众。虽然他考取秀才的时间较早，但随着知识积累的增多，却对八股文的写作产生反感，以至于多次参加乡试均以落第告终。有一次，他在一个士大夫家写了一篇《听鸟轩记》，主人爱不释手，便把它悬挂于客厅里。结果被提学使陈选看到了，欣赏之余，提出想见一见它的作者。两个人见面后，都有一种相见恨晚的感觉。在陈学使看来，像吴宽这样的才学，必须参加科考，不然的话，只能是人才上的浪费。

在陈学使的劝说下，吴宽打消了不再参加科考的念头，结果以乡试第二，会试、殿试均第一的好成绩走完了科举之路。等到他被点为状元时，已经38岁了。当年殿试后，江西籍的首席大学士彭时本来想让同乡刘震当状元，某司礼太监得知此事，便和他开玩笑说：“怎么又点江西的学子为状元呢？难道说就你们江西的人才能当状元吗?”彭时也是一位老实厚道之人，虽然言者可能无心，但听者却踌躇了。于是，出于避嫌，他便再一次集思广益，结果大家觉得让吴宽当状元比较合适。就这样，吴宽摘取了明宪宗成化八年（1472）壬辰科状元的桂冠，刘震名列第二为榜眼。

功名天定

明宪宗成化年间有一个读书人李旻，说起他走过的科考之路，真可谓历尽曲折，甚至充满了传奇色彩。但不管怎样，他最后终于如愿以偿，成为一位万众瞩目的状元。

李旻从小就非常聪敏，记忆力惊人，日诵数千言，都能够熟记在心。成化庚子年（1480）他参加浙江乡试，获得了第一名。本来在排名次时，张华原是第一，可是考官填榜时拆开弥封一看，见张华出身于儒籍家庭，便被主考官杨承芳拿下来把他排在了第二名，而把出身于农民家庭的李旻挪到第一，体现了平民百姓子弟优先的原则。后来，两个人都考取了状元，成为一时佳话。

当年秋试，他又报名参加。有一天早上，他和许多应试者入学晨参，忽然发现一只五色鸟飞入明伦堂，而且二日没有飞将出去，一直栖息在梁柱上。大家都觉得是一种好征兆，当时李旻诗兴大发，当即赋诗一首。诗云：

文采翩翩世所稀，讲堂飞止正相宜。
定因览德来千仞，不但希恩借一枝。
羡尔能知鸿鹄意，催人同上凤凰池。
解元魁选皆常事，更向天池作羽仪。

诗言志，后来正像他诗中所说的那样，果然考取解元。

在最后冲刺阶段，李旻经历了一波三折，状元这顶桂冠得来的非常不容易。他参加甲科会试时，头年腊月就从家里动身了，不料途中停船休息时，同船的两个人发生格斗，居然动起了刀子，对方一躲闪，一下子刺到他的肩膀上，虽然由于穿得厚，未伤着皮肉，但毕竟惊吓不小，他觉得这不是什么好兆头，于是便放弃了这次会考的机会。

返回家里时，已经年近除夕了。在这片喜庆的气氛中，他仍然是坐卧不安，总是惦记着应考的事情。于是他便找人算了一卦，先生说："你应该去考，你这科'吉星高照'啊!"就这样，他怀着一种侥幸的心理，于正月初六动身，走了整整一个月，赶到了京城。报名时，礼部官员两手一摊，说："没办法了，你来得太晚了，考场上已经没有空位了。"

李旻苦苦哀求，总算感动了考官，便拿出考场位次图让他自己看。也真的是天无绝人之路，看了半天还真的找出一个空位子来。考官虽然给他办了手续，但和他半开玩笑地说："难道就缺你一个来考状元的不成?"结果人算不如天算，最后真的应了考官的那句话，李旻不仅顺利地通过了会试，而且还在最后的殿试中真真切切地被点了明宪宗成化二十年（1484）甲辰科状元。

啼笑皆非

说来简直让人忍俊不禁，考取状元本来应该靠的是真才实学，可是在明代的成化年间，人长得怎么样却决定着能不能坐上状元的宝座。当然，考官们也有看走眼的时候，由此引出一段令人啼笑皆非的故事。

据说，明宪宗成化十四年（1478）戊戌科殿试结束后，阅卷大臣们费尽心机，也没有找到一张能够进呈给皇上作为状元人选的优秀试卷。正在大家一筹莫展之时，阅卷大臣万安意外地发现一份让他眼睛一亮的卷子，这名考生名叫曾彦，是江西泰和人。万安在极为赞赏的同时，将试卷递给其他人传阅，大家看后也都觉得文章写得确实好，做本科状元当之无愧。但有的人说，就不知道这个考生长得如何？

好在时间还来得及，因为按照当时的惯例，确定名次的前一天晚上要召见全体新进士到内阁办公厅，借点名为由一一审视这些人的仪表。当点名点到曾彦时，万安特意抬头对他上下打量了一番，感觉此人美而颀长，看上去一表人才。于是，他高兴地对其他阅卷官说："真的是不出所料，状元非他莫属了。"大家听了万安的话，也都默默地点了点头。就这样，曾彦果真被置于首选。

等到正式传胪的日子，曾彦再次出现在万安面前时，竟然使他大吃一惊，只见曾彦老而多髭，而且身材短小，简直与先前看到的曾彦判若两人。退朝后，万安不由地找出曾彦的试卷再看，实在看不出有什么出奇的地方。为了验证自己是不是眼睛有误差，他又特意把试卷传给别人看，结果大家的看法近乎一致，都看不出这份卷子有什么过人之处。这究竟是什么原因呢？有的人出来打圆场，说这是天意，有神明在暗暗地帮助他。不管怎么说，已到耳顺之年的曾彦真的当上了状元。有人嘲讽地说，状元原来是个瞌睡汉。

孰是孰非

明成化年间，有一位名震一时的时文大家，人们尊其为"守溪先生"，也有人称其为"震泽先生"，他就是明宪宗成化十一年（1475）乙未科探花王鏊。

王鏊从小就聪明异常，十几岁就以赋诗闻名。20 岁时，阅读

“三苏”文爱不释手，才思奔涌，滚滚数千言援笔立就。参加乡试时，试官是谢一夔、郑环，一见其卷，大惊，曰：“东坡复出矣!”名列榜首，声名鹊起。

当年，年轻的王鏊意气风发，连夺乡试第一名、会试第一名和殿试第三名，离神话般的“连中三元”仅一步之遥。令人瞠目结舌之余，又不免生出一份惋惜之情。后有传言，说王鏊在殿试中本来也应该是第一名，是殿试正考官商辂借故“抑之置第三”，才让王鏊屈居探花。

后来有人考证商辂的有关资料，商辂是明朝二百七十六年中唯一“连中三元”的奇才！这样，就是因为要保住自己作为“唯一”的名分而抑制王鏊，似乎也顺理成章。但世称商辂为人处事极其正直，而且殿试前十名的名次最终均由皇帝钦定，因此把王鏊没能高中状元的原因归咎于商辂，又有些不能令人信服。

究竟孰是孰非？这类疑案只能让历史学家去回答了。

仙鬼之才

“集太白（李白）之仙才，长吉（李贺）之鬼才于一身”，这是有人对明孝宗弘治三年（1490）庚戌科状元钱福的评价。钱福从小就非常聪明，8 岁时就能吟诗作赋，而且意境高远，为时人所称道。

有一次，他从私塾读完书回家，路上碰到一个人在那里赏菊，两个人礼貌地打过招呼，突然那个人说出一句对联的上联让他属对。联云：

赏菊客归，众手折残彭泽景。

钱福不由一愣，止不住地赞不绝口。他知道“彭泽”指的是写过“采菊东篱下，悠然见南山”的陶渊明，因为其在彭泽当过县令，一些文人墨客便把“彭泽”当作菊花的代名词。很显然，对这个上联有相当大的难度。可是小钱福眨巴几下眼睛，眉头一皱，说出了下联。联云：

卖花人过，一肩挑走洛阳春。

出上联的人睁大了惊奇的眼睛，想不到他小小的年纪竟然能对出如此工整的妙联来。大家都知道“洛阳”这个地名是牡丹的代名词，于是欢呼雀跃，顿时响起一片赞美声。

钱福的科考之路应该说是一帆风顺的。会试的前几天，大学士李东阳对钱福说：“我出一套题目，你不妨做一做。”钱福接过题目一看，便胸有成竹地做起来，不一会工夫就把答案交到李东阳手里。等到几天之后考试时，第二场的试题正好就是几天前李东阳让他答过的试题。考试结束后，李东阳找钱福讨好地说：“我知道你的才气，再说了这个试题你已经做过了，想来一定是不费吹灰之力的。”钱福回答说：“我入考场后，原来我怎么回答的早就忘记了。”李东阳听了他不买账的话很不高兴，便让别人找来他的试卷观看。结果发现他的应考文章确实是重新构思、重新谋篇布局的，而且比先前回答得更好。于是，他非常信服地点了点头，心里想他以后非考中状元不可。

后来，他果真地考取了进士第一名。

爱美之心，人皆有之。钱福也非不食人间烟火之人。一次，他听别人说扬州有一个姓张的妓女风姿绰约、美色动人，便特意从全亭赶赴扬州欲一睹风采。想不到这个妓女已经从良嫁给了一个盐商，没办法他只好去拜访盐商。酒席间他提出要见一见新夫人，等到这个张姓妓女走出来后，他一下子惊呆了，想不到人间还有如此漂亮的女人。这时盐商也一时性起，非让夫人拿出绫帕请钱状元题一首诗以助酒兴。钱福百感交集，欣然题了一首诗。诗云：

淡罗衫子淡罗裙，淡扫蛾眉淡点唇。
可惜一身都是淡，如何嫁了卖盐人。

咏诗夺冠

传说明孝宗弘治十二年（1499）己未科考试，伦文叙和柳先开都是当时的大才子，两个人的才识相当，考官难分高下，只好由皇帝裁定。皇帝命以月亮为题吟诗一首。柳先开吟道：

读尽九州十国赋，吟成四海五湖诗。
月中丹桂连根拔，不许旁人折半枝。

此诗气魄不小，有当仁不让之势。伦文叙自然也不敢马虎，吟道：

潜心奋志上天台，瞥见嫦娥把桂栽。
偶遇广寒宫未闭，故将明月抱回来。

这首诗气魄更大，居然将明月都抱回来了，于是皇帝点伦文叙为状元。

名扬天下

熟悉中国古代戏曲的人都知道，在十大戏剧中有一个《中山狼》，他的作者康海是著名的文学家、戏曲学家，但可能很少有人知道他还是一名闻名遐迩的状元郎。

康海从小就非常喜欢读书，18 岁为生员时就诗文俱佳。他的父亲对他日常的管教极为严格，担心他为了嬉戏玩耍而耽误了学业，常常用一支鞭子震慑他。有时候，其父的鞭子刚刚举起来，但一翻他的作业本，发现已经工工整整地做完了，只好又把鞭子放下。

他虽然喜欢读书，但反对死读书、读死书，特别厌恶那种摇头晃脑的背诵。在他看来，读书重在融会贯通、举一反三。如果不能真正的理解，即使能背诵下来也是没有用的，并自我解释说："经籍古人之魂也，有魂焉。吾得其魂已矣。譬之酒，善饮者漉其醇；不善饮者，啜其醨；其下，贪糟醉焉耳。"

他 24 岁应乡试时，名次仅列第七；等到会试时，名次虽然往前挪了几位，可仍然不能尽如人意。参加殿试之前，他踌躇满志，立下夺取"进士第一人"的雄心壮志。为了表明心迹，他对身边的人说："乡试让吉时（解元），会试让鲁铎（会元），若廷试复让一人，则真弃物也。"正因为他有了这种自信，才能一鼓作气在殿试中取得优异的成绩，一举夺魁成为明孝宗弘治十五年（1502）壬戌科进士第一人，并很快名扬天下。

当时，有一个读卷官刘健认为，康海的殿试策论不仅在当科 300 人中技压群芳，就是自从有了科举考试制度，也很少有人能赶得上他。当时有一个名列二甲的孙清有些不服气，可是当他看到刻印出来的殿试卷时，不觉默默地低下了头，也对康海佩服得五体投地了。

鬼使神差

在明代的状元中，顾鼎臣像他的名字一样，是一个大名鼎鼎的人物。他出身于一个贫苦的家庭，从小饱尝弃孤之痛苦。他是在继父家长大的。由于他特殊的生活际遇，所以以他的生活为原型而创作的戏剧在民间广为流传。就是在1949年以后，有关顾鼎臣的戏剧作为传统保留节目，在越剧、沪剧、锡剧、评剧等舞台上仍然盛演不衰。其实，顾鼎臣也是一个状元。应该说，他能成为状元，多少有一点偶然的因素。

本来顾鼎臣生性聪慧，继父家虽然很穷，但非常注重对他的启蒙教育。有一次，父子俩去赶集，走到河堤时，继父看着泛绿的柳条和枝头那蹦来蹦去的小鸟，就有感而发，出了一个上联让他作对。上联是：

柳线莺梭织就江南三月锦。

听了继父出的上联，小鼎臣脱口而出，立刻对出了下联：

云笺雁字传来塞外九月秋。

后来继父把他对的此联说给别人听，读书人都赞不绝口，说这孩子以后一定能考取状元。

多年后，当初那些读书人的预言得到了验证，顾鼎臣真的考取了状元。殿试考试时，题目是首席大学士刘健出的。另一位考官谢迁不解其题意，便小声地向刘健询问，刘健回答说："其实也没有太深的涵义，出这个题目的用意无非是以周文王那样的心思去行周文王之道而已。"

就在这时，顾鼎臣的试卷答完了，可仔细一检查，发现自己的试卷中间竟然有一张空着，这可怎么办呢？因为他自己知道，答卷是一环扣一环写出来的，中间硬要补出一页，谈何容易！想来想去，他还是勉强补了一段文字，好歹把那页空白的卷纸填满了。谁也猜测不到，顾鼎臣补的这页文字真是歪打正着，正切合刘健出题的要求。人们都百思不得其解，是他听见考官大人的对话了呢，还是有别的原因？反正是鬼使神差地写上了这些符合题意的话，他并由此真的考取了明孝宗弘治十八年（1505）乙丑科状元。

化谐为庄

在封建社会的科举时代，一般地说，能大魁天下的绝大多数人都非等闲之辈，除了满腹经纶之外，在许多方面都有过人之处。明英宗天顺年间的黎淳就是一个机警过人的状元郎。

他从小就聪明伶俐，发愤读书，立志学有所成。他在乡试中顺利过关，成为一名举人。后来，他又准备参加礼部会试。有一天，他正在温习功课，突然听见有一个女人在酒楼前呼喊他的名字，而且一声高过一声，接着又一连串的荡笑。黎淳抬起头来一看，知道这个女人是一个妓女，他心里明白：又是伙伴们在寻他开心，故意捉弄他。于是，他淡淡一笑，大大方方地来到酒楼旁，兴趣盎然地吟了一首诗。诗云：

千里遨游赴帝京，忽闻楼上唤黎淳。

状元自是天生定，先遣嫦娥报我名。

后来他在明英宗天顺元年（1457）真的考取了状元，成为丁丑科进士第一名。黎淳为人正直，最厌恶苟且行为。明宪宗成化十年（1474）甲午科，以左庶子出任顺天乡试主考官。考试结束后，他在阅卷中发现，有一份试卷的文章风格怎么看都不像出自一个人之手，于是他怀疑这份试卷一定有问题，但一时又拿不出证据，便把它记在了心里。

按照当时的惯例，阅卷官所看到的试卷都是经过誊录的副本，因为是用红墨水誊录，称其为朱卷，而考生自己的答卷因为用黑墨水作答，所以称其为墨卷。要想验证自己的怀疑是否准确，最有效的方法就是用朱卷与墨卷比对一下。结果不对不知道，一对吓一跳，想不到还真有胆大妄为之徒，原来那份考卷的后半部居然是誊录手裁下另一考生的卷子粘贴上去的。这还了得，他马上下令将作弊人员抓起来绳之以法。回过头来再看被剪裁的那份原卷，发现真的是一份优秀的卷子，便把这名考生定为解元。

这名解元原来是故城名士马中锡，他于明宪宗成化十一年（1475）中了进士，后来成为著名的文学家，寓言故事《中山狼传》就是他的代表作之一。

特殊人物

在明代科举考试的作弊历史上，刘谨应该列在榜首，主要理由是他不仅手段卑鄙，而且一次居然令五十个考生受益，真可谓空前绝后之举。当然了，他之所以能这样的胆大妄为，关键的问题是有当朝皇上给他撑腰，其昏庸程度可见一斑。

刘谨是明武宗正德年间的大宦官。这一时期的皇帝是朱厚照，他骄奢淫逸，一门心思地寻欢作乐，根本没有精力去料理朝政。有直言劝谏者必惩无疑，而刘谨专门投其所好、献媚取宠。在这样的情形下，刘谨就成了一个备受宠爱的宦官。至于说在科考中营私舞弊，就更不在话下了。

明武宗正德三年（1508）戊辰科会试，开考前刘谨就明目张胆地找到当时的主考官王鏊和副主考官梁储，把一张写有五十名考生姓名的纸条递过去，大言不惭地要求他们必须全部录取。两位主考官尽管满心的不愿意，但也得硬着头皮应允下来。两位主考官也算得上是正直之人，他们考虑为了不影响其余考生的前途，特意在原定名额的基础上外加五十名，结果刘谨提出的五十人全部录取，而且在殿试过后还都排在了靠前的位置。

两年之后，刘谨垮台，一些人才受到了追究。

远近闻名

在科举时代，读书人要想获取功名，能不能吟诗作对，应该说是一个很重要的因素。明武宗正德年间，福建莆田有一个读书人的吟诗作对水平可谓是远近闻名的，小小年纪时就常常让许多成人自愧弗如。他就是明武宗正德三年（1508）戊辰科吕柟榜第三人戴大宾。

大宾8岁时，父亲送其黉门就读。一天，塾师有意试其才华，以厅堂上座椅为题曰："虎皮褥盖学士椅。"大宾不假思索地答道："兔毫笔写状元坊。"这是一巧对，老师赞赏曰："奇才奇才！"12岁，他要进城参加秀才考试。由于个子小，走路有困难，怕耽误考试时间，其父就把大宾驮在自己肩膀上走向考场。刚好考官关上大门，大宾在门外嚷声开门，监考官一瞧，见大宾骑在他父亲的肩上，便开玩笑说："以父作马。"大宾听言之后，随口应道："望子成龙"。考官知道大宾是个才子，便让其进了考场。诸生见其年少貌丰，笑问："欲为何官?"大宾答道："居官阁老。"众人戏曰："未老思阁老。"大宾答道："无才做秀才。"众人皆大笑！县试后，大宾果中秀才，一时名噪郡城。

13 岁时，他参加福建乡试。一日夜，他宿住榕城一客栈，听着隔房一书生多次吟对"口含笔尾唇点墨"，却未听到下句。大宾听了有点不耐烦，准备睡觉。这时桌上的油灯昏暗，他用手指挑了一下灯芯，忽然想起，马上大声对出："手蘸灯芯指沾油"。那是书生多次未能对出的下题，却听大宾为其对出下题，即往客房道谢！这次乡试，大宾果中解元（举人）第三名。

一举首登龙虎榜，十年身到凤凰池。时年 18 岁的大宾于当年深秋一天，偕同诸友前往九鲤湖问卜前程。当晚大宾宿住九仙祠，他在九仙神像前焚香膜拜后，瞬间进入梦境，仿佛望见一老翁步到他跟前作揖曰："举子求梦登九鲤，聪明伶俐世间稀。戊辰登上龙虎榜，昙花一现即消逝。"醒后，他不甚了解诗梦，自认此科功名有望，回家之后仍精心研读诗、经。

明武宗正德三年，正是纪年戊辰年，朝廷秋闱，大宾风尘仆仆入京应试，果登探花的宝座。

登上塔尖

在明代的状元中，有一位人们常把他与诸葛亮相提并论的读书人，他博学多才，雄冠当代，影响深远。他不但对经史诗文等造诣精深，而且对天文、地理、金石、书画等也颇有建树，他就是明武宗正德六年（1511）辛未科进士第一人杨慎。

杨慎小的时候就机敏过人，有“神童”之称。五六岁时在家乡水塘里野浴，正赶上县令从这里经过，人们都唯恐躲闪不及，可是小杨慎却旁若无人照洗不误。县令一看，这小孩子如此胆大妄为，气不打一处来，便想惩罚他一下。正气急败坏之时，看他又在水里，县令拎起杨慎的衣服就挂在了树上，并故意挑衅似的说：“我出个对子，你答上来我给你衣服。”杨慎眉头一扬，说：“你出吧。”县令毕竟是读书之人，看着他自己挂上去的衣服说出上联：

千年古树为衣架。

话音刚落，杨慎应声对出下联：

万里长江作浴盆。

县令马上露出赞佩的目光，不仅把衣服递给了他，还特意邀请他到县衙里做客。

杨慎刚考中秀才时曾遇到过这样一件事：有一个读书人在科考中屡试不中，就产生一种逆反心理，对在科举中有所成就的人出于嫉妒怀恨在心。说来也巧，杨慎刚考上秀才就被他碰上了，那个读书人便阴阳怪气地对杨慎说：“杨秀才，听说你很有才气，你既然那么有能耐，能知道我篮子里装的是什么吗?”

显然，这是一个无赖的题目。对这样刁钻的问题，杨慎机智地回答说：“我想你这只篮子只能装东西，不能装南北。”这个读书人怎么也不会想到他会这么回答，便追问了一句：“你这话究竟是什么意思?”杨慎接着说：“东方甲乙木，西方庚辛金，‘木’与‘金’都是实体，能装进篮子里；南方丙丁火，竹篮子遇上火，就化为灰烬了；北方壬癸水，水入竹篮，更是一场空了。”那个读书人一听，终于明白自己是在自讨没趣了，便灰溜溜地走了。

如果说考取状元是走上金字塔的话，杨慎就是在科举的道路上步步登高的，最后他乡试考取第三，会试考取第二，殿试考取第一，直到最后攀登上塔尖。

终有一得

明代有一部很著名的著作，书名为《武宗实录》。其作者是一位饱学之士，他就是明武宗正德九年（1514）甲戌科进士第一人，他的名字叫唐皋。

唐皋才思敏捷，写文章一挥而就。虽然天赋异常，但他的科考之路却布满荆棘，一次又一次地应考，一次又一次地落榜，总是不能天遂人愿。当时有人诋毁他志大才疏、眼高手低，并写了一首打油诗来嘲讽他。诗云：

徽州好个唐皋哥，一气秋闱走十科。
经魁解元荷包里，争奈京城剪绺多。

这里说的“一科”是三年，“十科”就是三十年啊！尽管不能把它看作是确指，但肯定地说，他功成名就之时已经是垂垂老矣！听到如此奚落的打油诗，他只是淡淡的一笑，不仅没有灰心丧气，相反更加激发了他的夺魁信心。他在书房的墙壁上题写了这样几句话，以表明心迹："愈读愈不中，唐皋其命如何；愈不中愈读，命其如唐皋何?"除此之外，他看见别人拿的扇子画着一位渔翁正在下网捕鱼，便在扇子上题诗言志：

一网复一网，终有一网得。
笑杀无网人，临渊空叹息。

行随言出。在此之后，他更加孜孜不倦，终于取得了优异的成绩：在会试和殿试中连夺"两元"，大魁天下。明武宗正德十六年（1521）唐皋作为使节出访朝鲜，朝鲜国王听说皇上派来的是一位新科状元，便在宴会上摆出一副很诚恳的态度说："我有一上联，一时对不出下联，听说唐大人是新科状元，请大人应对。"紧接着说出上联：

琴瑟琵琶，八大王一般头面。

对对联对中国的读书人来说其实是拿手好戏，但这个上联却实在有些刁钻了。随同的人面面相觑，都担心唐皋对不上来露出窘相。没想到，须臾之间，唐皋的下联就脱口而出了：

魑魅魍魉，四小鬼各样肚肠。

真是出口不凡，太绝妙了！在场的人一片喝彩声。

幸亏迟到

按照科考的有关规定，“迟到”本身就是违例的，但为什么还称其为“幸亏”呢？明世宗嘉靖年间的读书人林大钦能在考场上一举夺魁，确确实实是占了“违例”的便宜。

林大钦生活在一个贫困的家庭里，但是他读书非常勤奋，而且聪明过人。他原来的乳名叫林大茂。有一次他在私塾读书，老师叶先生有意想考考他，便出了一个上联让他对。上联是：

竹架满园，岂能成林大茂。

林大钦不由微微一笑，马上对出下联：

梅花魁首，何曾从叶先生。

老师听到他所对的下联，乐得合不拢嘴，赞赏之余还特意给他改了名字叫林大钦。所谓“大钦”，也就是大魁天下的意思。

他参加的殿试是明世宗嘉靖十一年（1532）的壬辰科。在这科的会试之前，礼部尚书夏言上疏世宗皇帝朱厚熜，请求从这次会试开始有必要改变一下文风，并直言不讳地提出：“举子经义论策，各有程式，请令今岁举子，凡骋词浮诞磔裂以坏文体者，摈不得取。”世宗诏准，并很快传达给所有参加考试的举子。在殿试时，礼部特意派仪制司郎去宣布这条规定，所有举子都铭记在心了。唯独林大钦迟到了，不知道有这条规定。

大多数考生在答题时，都战战兢兢、如履薄冰，生怕因为遣词造句不合要求而耽误自己的前程。整个考场上只有林大钦没有任何心理负担，坦然自若，信笔挥洒，而且很快就答完了所有的试题。阅卷时，都御史汪鋐惊喜万分，不由得感叹道：“真是太奇怪了！想不到考场上竟有这样的高手！”大学士张孚敬也取过来认真审阅，同样露出了惊羡的目光，以为“文字明快，可备御览”，于是就把他的试卷附在孔天胤和高节的两份试卷之后进呈到皇帝的面前。皇上经过比较，偏偏爱好林大钦的苏氏笔法，于是亲自写上批语，钦点为当科状元。

事后，曾向皇帝上疏的夏言询问林大钦：“你难道不知道考前的规定吗?”林大钦回答说：“我真的不知道，那天正赶上家里有急事儿，我来晚了。我如果知道的话，怎么敢违抗君命呢?”由此，人们有感而发地说，真是荣进有数啊，任何人也阻挡不了的。

恶有恶报

封建社会的读书人，把“金榜题名时”看作是人生四大喜事之一。但是任何事物都不是一成不变的，正像老子所说的那样——“福兮祸所伏”，有的人大喜过望之后，却遭遇到意想不到的横祸。明世宗嘉靖年间状元韩应龙的人生经历就是最好的明证。

韩应龙从小就聪明绝顶，才气过人，一般人他都不看在眼里，既自负又自信，总觉得自己长大之后肯定能成就一番大事业。家里虽然不是很富有，但是他嗜酒如命。有一天晚上，他在亲戚家里喝得酩酊大醉，刚一醒酒就急着往家走，结果一个人走了好长时间才找回家来。走到一座危桥时，他恍恍惚惚地觉得有两盏灯为他照明指路，并有人说：“我是在送状元啊！”快到家时，灯光才渐渐消失。

明嘉靖十四年（1535）乙未科殿试考试时，世宗朱厚熜亲自出题，以“法天法祖”立意，韩应龙在策对中开宗明义：“人君所以治天下之治者，法天而已矣；所以保天下之治者，法祖而已矣。”礼部尚书夏言巡视中看在眼里，暗自心喜，觉得其论述正符合圣上的心意。后来，不出所料，韩应龙的策论真的就得到了世宗的好评，并在他试卷的卷首上批道：“是题本意，可第一甲第一名。”韩应龙多年的夙愿实现了，终于成为一名令人羡慕的状元。

他的美梦成为现实以后，便得意忘形起来，时过不久就利用权势巧取豪夺，公然帮助他的父兄霸占、掠夺乡里邻舍的土地和房屋。人们怨声载道，但敢怒而不敢言，因为大家都知道他是新科状元，是皇上钦点的，又被授翰林院修撰。在这样的情形下，乡邻们欲告无门。就在这时，恰好从远处来了一位精通巫术的风水先生。大家可算拽住了一根救命稻草，便集资万金请他烧符念咒，以惩治这个害群之马。结果七天之后，他扔下一句“你们就等着消息吧”，便离开了这里。

说来也怪，正当众人迷惑不解之时，从京城传来了可靠的消息，说韩应龙自缢身亡了。这究竟是怎么回事呢？一些人认为是那个风水先生的话显灵了，这是他应得的报应。其实，事实的真相是：他为了往上爬，不光娶了一个高官的千金，而且还纳妾占婢。那位千金忍无可忍，便对他大打出手，把他的脸抓挠得血肉模糊，致使他第二天清早无法上朝。于是，他在当天晚上用布条把自己吊死了。

真是恶有恶报。消息传到家乡，人们奔走相告，无不拍手称快。

猜中考题

科举时代，歪打正着的事儿屡见不鲜，最有意思的是明世宗嘉靖二十年（1541）辛丑科状元沈坤，竟然得益于他的好朋友的一次恶作剧，最后他在乡试中考取了解元。

沈坤小的时候就和《西游记》的作者吴承恩非常要好，两个人曾经一起就读于县学。吴承恩考中秀才之后，去南京应天府乡试几次，都没有考中。由于家人的不理解，他感到心灰意冷。一天，百无聊赖的他来到地处竹巷街的沈坤家，尽管沈坤的父亲为了让儿子潜心学习，要求他闭门谢客，但门人一看来者是沈坤最好的朋友吴承恩，也就把他请进屋来。

吴承恩走进院子，蹑手蹑脚地来到沈坤的书房前，扒在门缝一看，只见书房内香气袅袅、明烛闪耀，中间悬挂着一幅关帝像，沈坤正非常虔诚地跪在像前，一遍又一遍地拜求关帝圣人保佑他平安参加应天府乡试，赐予他今科考题，并取得头名；还许愿说，如果功成名就之日，一定重修庙宇，再塑金身，使其香火不断。

这一切都被吴承恩看在眼里，啼笑皆非之余，他想出一个鬼点子，何不与他开个玩笑，戏弄他一番。于是，他悄悄地退出了院门。回到家里以后，他自己拟订了一套考题，又偷偷地跑回来，趁沈坤不在书房的机会，将“考题”塞在沈坤供奉的关帝像前的香炉座下。等到第二天早上沈坤再一次焚香求拜时，发现了压在香炉底下的这套考题。他当时喜出望外，以为关帝真的显灵了，急忙又一次跪拜，响响地又给关帝磕了几个头。

从此以后，沈坤把“关帝”赐予的“考题”熟记在心，并一次又一次地强化训练。等到应天府开科考试时，没想到其试题竟然神奇地与吴承恩出的“考题”相吻合了，沈坤答得非常顺手，轻而易举地考取了解元。

时来运转

“无情举子无情帝，鸣雷只好拣便宜。”这是流传于明世宗嘉靖年间的两句打油诗，说的是读书人吴情，因为父母名字起得不中皇帝的意，便与“状元”擦肩而过的故事。

秦鸣雷从小就多灾多难，刚刚满月，母亲便去世了；5 岁时，父亲又离他而去。没办法，他只好由伯父收养，可是没过几年伯父也去世了。这样一来，他的生活就更难以维持了。他不仅家境贫困，而且在科考上也相当的不顺利，一次又一次的报考，一次又一次的失利。后来，他的两个哥哥都考取了进士，激起他更高的投考热情，并自己暗下决心，非得超过两个哥哥不可。

明世宗嘉靖二十三年（1544）他参加甲辰科殿试，考试结束后，几名阅卷官一致推举吴情为本科状元。当试卷呈送到世宗皇帝那里以后，世宗皇帝当时就板起了面孔，气愤地说：“什么？无情？无情之人怎么能放在第一名呢？”因为皇帝的几句话，便把吴情的试卷从第一的位置拿下去了。说起来，吴情也真够倒霉的，偏偏姓吴，“吴”与“无”又是谐音，还偏偏与“情”字搭配在一起。

世宗皇帝把吴情拿下后，究竟把谁放在第一位呢？正在犹豫不定之时，他想起自己做的一个梦：为了求雨，听到一声响雷。于是，他命令遍查各卷，非要在进士中找一个姓名带“雷”字的，结果大臣们真的翻到了一个名叫秦鸣雷的卷子。世宗皇帝一看试卷，答得还算可以，就把他点为嘉靖二十三年甲辰科状元，而把吴情降为“探花”。

破坏成规

在封建社会，皇帝具有至高无上的权力，如果皇帝遇事儿不能出以公心而带头破坏成规，自然是谁也抵制不了的。在中国的科举史上，明代的万历皇帝就做了一件破坏成规的事儿。

张居正是明代权倾一时的政治家，自明穆宗隆庆元年（1567）入朝辅政，到了明神宗万历年间已经是位居首辅的显要人物了。因为当时万历皇帝年纪尚小，所以许多事儿都得他拿主意。由于他备受宠幸，所以谁反对他，就会招来厄运；谁想在朝廷站得住脚，就得想方设法地巴结他。张居正有六个儿子，无论是哪一个儿子赶上应考，主考官、房考官们都得争相地讨好献媚，透题、代答等现象自不必说，就连万历皇帝本人都公开袒护，拿原则送人情。

张居正的儿子张嗣修参加廷试时，考官们一开始在做手脚时多少还有一点顾忌，给他排了个二甲第二名。等到拆开弥封后，万历皇帝一看是张居正的儿子，硬给擢升为一甲第二名，一下子就步入了解元的行列。万历皇帝还振振有词地说：“朕无法报答师相，也只好照顾照顾他的子孙了。”在这样的情形之下，谁还敢说半个“不”字。

众人一看皇帝的鲜明态度，考官们就更加有恃无恐了，一时间献媚邀宠之风甚嚣尘上。不用说首辅的贵公子，就连张居正所信任的众大臣也跟着沾光，好多人都顺利地闯过了乡试、会试，荣登上第。明神宗万历十年（1582）举行乡试，人们早早的如影随形地传开了，称这一科的解元非张居正的四公子莫属。结果人算不如天算，过了不久张居正却一命呜呼了，人们的预言没有得到最后的验证。于是，有人写了一首打油诗，贴在了宫门口。诗云：

状元榜眼姓俱张，未必文星照楚邦。
不是相公归天早，四郎定是探花郎。

严肃处理

纵观整个明代，除了皇帝自身的因素以外，对科场案的惩治还是比较严厉的，一旦发现徇私舞弊，甚至涉及朝廷要员，大多也是严惩不贷的。明世宗嘉靖年间就发生了一起震动朝野的科场大案。事情的经过是这样的——

明世宗嘉靖二十三年（1544）甲辰科会试，张潮与江汝璧分别担任主考和副主考，两个人一个是礼部尚书兼翰林学士，一个是左庶子，在朝廷都是举足轻重的人物。说来也巧，张潮刚进贡院就病了，这样一来主考的事儿就全落在了江汝璧身上。江汝璧本来就是一个心术不正之徒，他抓住了这个机会，便肆无忌惮地舞弊。

考试结束后，人们纷纷议论，甚至有人直接提出弹劾江汝璧与同考官沈坤、彭凤、欧阳（�）、高节等人，指责他们联手作弊，并说得有理有据。其主要是：翟銮身为首辅，两个儿子同时参加会试，这里边一定有鬼。江汝璧明明知道他们是亲兄弟，还特意把他们与授业师崔奇勋，以及既是同学又是亲家的焦清安排在一起，结果翟氏兄弟及崔奇勋都被录取。同考官欧阳（�）也作过崔氏兄弟的老师，虽然假惺惺地避嫌，但实际上暗中做手脚。除此之外，还有其他一些考生也行了贿，并都得到了录取。

在这样的情形之下，翟銮采取以攻为守的策略，提出复试的要求。嘉靖皇帝当场就识破了他的险恶用心，并严厉地正告他说："你作为首辅被弹劾，已经没有权利再狡辩了，只能是等候处置。就算你的两个儿子是奇异之才，也应该谦让一步，使其多录取一个寒士，怎么能同时录取呢？这个案子必须一追到底，谁也不许袒护。"经过严查，事情终于水落石出——作弊情节属实，分别对责任人作出严肃的处理：对翟氏父子及崔奇勋、焦清、彭凤、欧阳（唤）等全部削职为民；对江汝璧及为讨好而录取首辅的责任者各打六十杖，革职赋闲。沈坤情节较轻，仍然留在朝廷供职。

一场科考风波就这样平息了。

腐儒之心

在封建社会的科举考试中，科场作弊可以说是司空见惯的事情。许多偷奸取巧之徒就是靠着行贿等手段得以高中，成为令人垂涎的人上人的。但是，这种卑劣行径也有碰壁的时候，如果真的遇上了一身正气、清正廉洁的主考官，不仅阴谋不能得逞，还会把自己弄得很狼狈。明代有一个名叫李汰的人，就是这样一位凛然不可侵的清官。

一次，他担任福建乡试的主考官，有一个考生趁着夜深人静之机，偷偷地来到李汰的住处，并捧来一锭黄金请李大人笑纳，且直言不讳地说希望自己在录取中得到李大人的关照。李汰历来对这种现象深恶痛绝，不仅拒绝了这笔不义之财，而且还对他的这种行为给予了严厉的痛斥。事后，他还写了一首诗以表明心迹。诗云：

义利源头识颇真，黄金难换腐儒心。

莫言暮夜无知者，怕塞乾坤有鬼神。

这首诗写得骨气铮铮。意思是说，在“义”和“利”面前，对自己是最现实的考验，自己是能够有辨别是非的能力的，是能够做出正确的选择的；他虽然谦虚地自称自己是一个“腐儒”，但仍然能够保持节操，关键时刻是不能被黄金迷住双眼的；自己不能抱着一种侥幸的心理，以为深更半夜即便接受了人家贿赂也不会有人知道，事实上冥冥之中还有看不见的鬼神在监视着我呢？在这里，提倡的是一种难能可贵的慎独精神。

偶一动念

自己考取了状元，不仅别人感到意外，而且自己也感到吃惊，这岂不是咄咄怪事吗？可是在封建社会，因为皇帝有至高无上的权力，出现这样的事儿也就见怪不怪了。明代浙江的读书人罗万化，就是凭着皇上的偶一动念而当上状元的。

明穆宗隆庆二年（1568）戊辰科殿试，担任阅卷官的首要阁臣是徐阶。他是一个非常有心计的大臣，当初权倾一时的严嵩就败倒在他的手下，曾深得明世宗嘉靖皇帝的宠信。不过，他辅佐穆宗不过才一年多时间，而且在这一年多的时间里，原东宫僚属高拱在背后说了他不少坏话，尽管穆宗将信将疑，但也免不了在有些事上对他仍存戒备心理。

殿试结束后，徐阶等阅卷官很快就将他们认为的三鼎甲的试卷呈送给了穆宗，虽然三个人的试卷都说得过去，但穆宗还是怀疑徐阶有可能做了手脚，拿“鼎甲”送人情。想到此，穆宗便故意从排在后面的散卷中抽出一份，而这份卷子的主人恰恰就是罗万化。仔细一看，文章还真是写得不错。文中写道：“臣闻帝王之涖天下也，必安攘并举，而后可成天下之至治；必明断并行，而后可知天下之实功。”这几句话，甚合穆宗心意。虽然卷面不够整洁，甚至还有几处勾抹之处，可穆宗还是点他为进士第一名。

在封建社会的科举考试中，一般地说，文章写得再好，但书法不佳，卷面不整洁，也是很难夺魁的。也正因为如此，罗万化考取了状元，不但别人意外，自己也感到吃惊，说到底他能够一举夺魁就是得益于皇帝的偶一动念。换句话说，得益于皇帝的晦暗心理。

罗万化登第后，授翰林院修撰，升侍读，曾主修《大明会典》。当时正赶上张居正势力渐起，因为欣赏罗万化的才气，便想把他招致门下。这对一般的势利小人来说，自然是求之不得的，想不到罗万化却不买他的账，当即严词拒绝。张居正是声名显赫的改革家，罗万化不愿意与他一起做出头椽子倒也情有可原，但不管怎么说，作为张居正的下属，一般是很难抵制住这种笼络的。

明神宗万历元年（1573）癸酉科乡试，罗万化出任顺天考场的同考官。已是首席大学士的张居正又一次找到罗万化，这一次是为自己的儿子张懋修来询问考题。张居正万万没有想到，还没等他的话说完，罗万化便拂衣而起，并义正词严地说：“你身为朝廷首辅，本来应该带头维护朝廷的考试尊严，怎么能做这种让人切齿之事？我如果把考题透露给你，自然会取悦于你，或许对我也有好处，但我绝不会这么做。大不我卷着铺盖回家，今晚我就可以收拾行李准备辞职。”张居正真的没有想到，会在自己的手下人面前碰一鼻子灰。

事后，张居正尽管耿耿于怀，但又不好明目张胆地对他报复。不过，可想而知，罗万化在张居正的麾下是很难有所作为了。事实也是如此，在张居正当政期间，罗万化一直没能得到升迁。

吉人天助

《红楼梦》中有这样两句话：“机关算尽太聪明，反误了卿卿性命。”明代有一则科考轶事，也说明了这个道理。明人笔记《涌幢小品》中讲述了这样一个故事：明代有两个专门攻克《春秋》的秀才，两个人不仅很有才气，而且关系又处得特别好，平日里经常在一起切磋学问、探讨问题，以求在学术上共同长进。

有一次，两个人一同去参加乡试，头一天晚上，他们同睡在一张床上。甲躺在床上翻过来调过去说什么也睡不着，一直担心明天的考试乙超过自己。于是，他趁着夜深人静之机，偷偷地爬将进来，摸出乙准备誊录卷子用的好笔，把笔头一下子插进自己的嘴里，一会儿工夫一支好端端的笔就被他嚼得面目全非了，尤其是笔毛都让他嚼得长短不一不能使用了。然后，他又悄悄地把这支笔放在笔筒里，转身跑回了自己的被窝。

第二天，两个人都若无其事地走进考场。乙打完初稿后，抽出那支笔准备誊录，一看自己拿的笔已经不能用了，没办法只好用那支打草稿的笔凑合，写了几个字觉得还是不行，便想到向别的考生借着用一用，结果人家都忙着答自己的题，谁也不肯借给他。万般无奈之时，他伏在案头上痛哭起来，哭了一阵儿便懵懵懂懂地睡着了。不一会儿，他突然觉得有一个神人抚着他的肩膀说：“快起来写啊！”他不由得晃了晃头，使劲地睁开眼睛，发现那支被嚼坏的笔又完好如初了，于是他一口气把卷子誊完了。誊录完后，他定睛一看，那支笔的笔头还是光秃秃的。

交卷的时候，正好甲也在那里交卷，乙关切地问：“答得顺利吗?”甲满脸绯红，心不在焉地应付了一句：“凑合着总算答完了。”第二天，考试结果出来了，甲满心欢喜地等着看乙的笑话，然而人算不如天算，他自己却因为违例被中止了下一场的考试，而乙却顺利地通过了这场考试，并被定为《春秋》经科的魁首，后来还考取了进士。

一时好恶

毋庸置疑，在古代的科举考试中，能不能高中自然是取决于考试成绩，但有时候也有例外，而只是取决于皇帝的一时好恶。明神宗万历十四年（1586）丙戌科的探花舒弘志，就是“皇帝一时好恶”的受益者。

殿试阅卷过后，主考官与同考官拟定的名次本来是唐文献第一，袁宏道第二，杨道宾第三。而且这个名次已经被透露出去了，在学子们中间传得沸沸扬扬的。可是等到传胪时，三名进士的名次却发生了变化，状元仍然是唐文献，而榜眼却变成了杨道宾，探花变成了舒弘志。原来是榜眼的袁宏道排在了三甲之后，变成了二甲第一名。这究竟是怎么回事儿呢?

原来，这种变化就是缘于万历皇帝。当时实行的是读卷的制度，试卷进呈后先由首辅申时行读唐文献的卷子，皇帝一声“好”确定了他状元的位置；接着次辅许国读袁宏道的卷子，读得不那么流利，皇帝听后默不作声，让下一位继续读下去；等到王锡爵读杨道宾的卷子时，皇帝又是一声“好”确定了他榜眼的位置。三份试卷读完了，内阁大臣读卷的任务也就算完成了，几位内阁只好依次叩首退下。

在皇帝亲自阅卷的过程中，从二甲第一名一直翻到第十五名，仍然觉得都不那么令人如意。再往下翻到第十六名时，他的脸色开始发生变化，一看是舒弘志的卷子，不由得喜上心头，便将舒弘志提到了一甲第三名的位置，原来的第三名也只能屈居二甲（第四名）的位置了。难道说舒弘志的试卷真的答得那么好吗？其实并不尽然。从字面上看字迹都不算太工整，更何况其内容了。皇帝能看好他的卷子，明眼人一看就知道，因为舒弘志的父亲是与申时行、王锡爵一起的同科进士。

其实，舒弘志的父亲是一位贤达之士，他事先确实和申时行、王锡爵打过招呼，称自己的儿子年龄小，而且学业也并不是那么出色，如果真的步入进士的行列，担心他少不更事承担不了当一个地方官的重任。于是，他拜托他们不要考虑与自己的关系，而把儿子提得太高才好。让人万万没有想到的是，舒弘志那并不太高的考卷偏偏让万历皇帝看中了，一举成为名重一时的探花郎。

仗义执言

在我国一千三百余年的科举史上，明代的状元卷只有一份完好地保存了下来，这就是明神宗万历二十六年（1598）戊戌科状元赵秉忠参加殿试的试卷。1983 年，由他的十三代孙赵焕彬将其捐献给国家，使我们有幸能目睹到其“状元卷”的风采。

赵秉忠从小就勤奋好学，饮誉乡里。他在未成年时就考取了府学秀才，而且从小就具有“文人”风骨，在大是大非面前总是勇于仗义执言。有一次，山东学政刘毅主持考核秀才学业成绩的考试，发现有个考生将夹带的纸条放在了鞋子里，便决定自此以后参加考试的考生进场一律赤脚。

在益都县考试时，正赶上数九隆冬，考生们也只好哆哆嗦嗦地站立在雪地上，大家虽然怨恨在心，但谁也不敢违抗。正在这时，只见人群中站出一个年轻人，这个人就是赵秉忠，他先向学政敬了一个礼，然后义正词严地说："刘大人，为什么因为一个人的作弊，就连累所有人呢？难道这就是贤者为国家选拔人才的入门规矩吗？"刘毅毕竟是贤达之士，他先是一惊，然后马上谦和地说："你说的有道理，本学政知罪了！"从此以后，真的废除了这一规矩。

在殿试中，赵秉忠的策对写得尤为出色，文中既指陈了时弊，又写了许多取悦皇帝的话。万历皇帝阅读完他的考卷后倍加赞赏，并且还在卷首用朱笔写下"第一甲第一名"六个大字。

仆人之恩

明万历年间，有位名重一时的宰相，他就是明神宗万历三十五年（1607）丁未科状元广东人黄士俊。王夫之曾经写过这样两句诗称赞他："顺德黄阁老士俊，四十年状元宰相。"他在明代称得上一名高寿状元，享年85岁。由于他命运坎坷，生不逢时，有人对他的晚年概括出这样两句话："他人以不寿为不幸，而黄士俊又以多寿为不幸。"

其实，何止是晚年，年轻时他也经历过让他感到非常不幸的事情。他家境贫寒，却娶了一个大户人家的女儿。有一年秋天，他准备去广州参加乡试，因为手上没有盘缠，便来到其岳父家想筹措一点路费。到了岳父家以后，岳父大人见他那寒酸的样子，便满脸的不高兴，既没有答应借给他钱，又对他待理不理的。明明家里请客，也没有告诉他一声，更有甚者连客厅都没让他进，在走廊递给他两个鸭蛋就算送客了。

黄士俊憋了一肚子气从岳父的家门走了出来。说来也巧，走着走着，一抬头正好看见岳父家的仆人广积。他知道事情的原委之后，觉得主人做得太过分了，便出于同情把黄士俊领回了自己的家，并张罗了一桌酒菜来招待他。为了解决他赶考所需要的盘缠钱，又杀掉了自己家的一头猪，把它换成钱以解黄士俊的燃眉之急。仆人广积的这番举动令黄士俊感激涕零，思前想后，便让广积拿来笔墨，以《鸭春》（粤语“春”为“蛋”）为题，写了一篇讥讽人情冷暖、世态炎凉的文章，托人送给岳父大人。由于文章笔锋犀利、嬉笑怒骂，一时广为传诵。

后来黄士俊不仅当了秀才，考上了举人，而且还大魁天下，最后官至宰相。为了报答当年仆人广积的救急之恩，还特意酬谢了他一片良田。

一次机遇

虽然从道理上说“人不可貌相，海水不可斗量”，可是从古到今因为相貌丑陋而给自己带来厄运的人也不在少数。当然也有与此相反者，虽然长得很丑陋，但由于偶然的一次机遇改变了一生的际遇。明代末年的读书人管绍宁的科考经历就是最好的明证。

管绍宁一生下来身体就非常瘦弱，不仅身患疾病，而且长得又很丑陋，再加上家境贫寒，更让他人穷志短了。他很少上人多的地方去，常常一个人躲到城隍祠堂里，靠着一根柱子在那里唉声叹气。有一次，祠堂中的道士看他百无聊赖的样子，就和他攀谈起来，不但对他轻声热语地嘘寒问暖，而且还把他请到上座。道士突如其来的热情，反而让他不自在起来。他露出惊诧的表情说：“我每天来往于喧闹的集市，可是从来没有人很尊敬地看我一眼，谢谢你不嫌弃我，还对我如此盛情接待。请不吝指教！”

道士也是一位爽快之人，一番话道出了原委。他说：“我昨天夜里做了一个梦，梦中有一位神人一再地叮嘱我说，明天可能有一个穷读书人要来城隍祠堂，你可千万不要因为他长得丑就怠慢了人家，你必须要好好地招待他。既然有神人的指点，我怎么好不按他说的去做呢?”听了道士的话，管绍宁恍然大悟，于是他便回家把行李搬来，住在了城隍祠堂里。他心想，有道士的帮助，又有神的护佑，在这里读书学习，一定能功成名就。

说来也怪，自从他来到这里，自己都能感觉到动起笔来特别有灵感，文章写得越来越好。明熹宗天启七年（1627）参加乡试，道士亲自为他打点行装，他觉得没费什么劲儿就过了乡试这一关。第二年又轻而易举地通过了会试，最后终于走到了殿试。他在殿试的对策中，皇上阅卷时发现，他的策文中有一个“诚”字硬是少写了一个“横折弯钩”和一个“点”，便提笔为其补上。考官们看在眼里，心里也琢磨开了，以为皇帝早就心有所属，于是为了取悦皇帝就没有细看试卷答得怎么样，便将他定为明思宗崇祯元年（1628）戊辰科一甲第三名，也就是高中探花了。

这一切，管绍宁当然并不一定都知道，但不管怎么说，他从心里感谢这位道士，特别庆幸的是道士做的那个梦。后来，他曾洋洋得意地说：“倘若不信梦，我一辈子也不会有出头之日。”

教学相长

在浙江遂昌，有一座历史悠久的书院——鞍山书院。它之所以名闻遐迩，大概与明神宗万历三十二年（1604）甲辰科状元杨守勤在此执教有着密切的关系。

杨守勤还是布衣时来到长濂，当他走到半山时，忽闻琅琅的书声，他循声蹑步入了书院。恰遇老师不在，看到学童稚嫩的作文，他情不自禁地提笔删改起来。稍后，老师返回，见其文笔流畅，学识渊博，谈吐高雅，装束简朴，颇有儒士风度，便有请他留下来执教的想法，而让老师想不到的是他还真的欣然同意了。

经过几年的教学，杨守勤不仅为遂昌培养出不少举人和进士，而且自己的才识也大有长进。受村中父老的劝说与鼓励，他于明神宗万历三十二年春离开鞍山书院参加了省城的乡试，结果一考中举。第二年春天，杨守勤上京赶考，路过淮阳时，身上带的钱眼看着就要花光了，情急之时他想到正好有一位同窗好友在这里做官，便找上前去把自己的名片递了上去，意思是向这位好友借一些银两，以解燃眉之急。

让他意想不到的是，同窗好友看了他的名片以后，不但没有相借，而且还在名片上写下“查名”两个字。名片退回来后，他觉得自己非常狼狈，后悔不应该轻易向人家张口。等到会试、殿试揭榜，杨守勤两魁天下。后来他特意写了一首诗，托人送给那位同窗好友，以针砭好友看人下菜碟的做法。诗云：

萧萧行李上长安，此际谁怜范书寒。
寄语江南贤令尹，查名须向榜头看。

同窗好友看了他的题诗之后，羞愧不已。杨守勤高中状元之后，长濂村人无不欢欣鼓舞，家家高挂红灯笼、张贴喜联、燃放爆竹，庆祝鞍山书院出了状元。后来，杨守勤留京任职，村里不时有人前去看望与请教。他一如往日热情接待，不断勉励。长濂村与鞍山书院也以杨曾来执教为荣，人们争相传诵，竟成为一段佳话。

买通宦官

翻开一部中国科举史，靠着托人情、打通关节等功夫爬到金字塔塔尖上的也是不乏其人的，明神宗万历三十八年（1610）庚辰科状元韩敬就是这样一个窃取者。纵观他的科考上榜之路，几乎每一步都是这样靠着不光彩的手段摘取桂冠的。

韩敬天生聪明好学，不仅是八股文的高手，而且还写一手好字，也称得上一名浙江名士。不过让人嗤之以鼻的是，他的科举之路走的却不是太好。早年，他曾拜汤宾尹为师，而汤宾尹中过解元，又是明神宗万历三十二年（1604）甲辰科杨守勤榜的榜眼，因此在朝廷有相当的威望。韩敬才气超群，深得汤宾尹的厚爱。但遗憾的是，这却是一种畸形的、扭曲的“厚爱”。

几年之后，韩敬参加会试，汤宾尹担任房考官。当时，韩敬的考卷本来不在他负责的这一房，但他听说韩敬的试卷已被其他考官所放弃，便急三火四地跑到韩敬所在的这一房，逼着别房考官录取他。同时，为了掩人耳目，又特意从别的房录取了 4 人。在他的影响下，徇私舞弊之风甚嚣尘上，就这一科就越房录取 18 人之多。不但如此，他还硬逼着主考官把韩敬列为会元。

在殿试中，汤宾尹为了韩敬能获取第一，更是绞尽脑汁无所不用其极。当时，著名诗人钱谦益也踌躇满志、势在必得。大学士叶向高非常看好钱谦益，欲把他拟定为状元。为了稳操胜券，钱谦益还特意买通了一个宦官作自己的内线。让钱谦益料想不到的是，强中更有强中手，韩敬通过汤宾尹花费 4 万两银子买通了更为有权势的宦官，把本来排在第三名的韩敬通过唱名时名次互换的手法排在了第一。就这样，钱谦益到手的“状元”被韩敬掠走。

两种传说

读书人考取状元，本来是一件非常庄重严肃的事情。可是在封建社会，由于皇权至高无上，这类事情皇帝仍然可以翻手为云、覆手为雨，在钦点状元的过程中也衍生出一些荒唐可笑的事情。明思宗崇祯元年（1628）戊辰科，安徽安庆人刘若宰被点中状元就很有传奇色彩。

关于刘若宰中状元的事儿历史上有两种传说——

一种传说是，刘若宰是抽签抽出来的状元。崇祯皇帝登基后，正好赶上大考之年，因此他对此科殿试极度重视。考试结束后，他在亲阅试卷时，一眼看中了刘若宰，认为他的文章写得非常好。可转念一想，不知道这个人长得怎么样？因为在明代有一个不成文的规定，歪瓜裂枣的形象是不能做状元的，选中的状元必须要相貌堂堂、一表人才。想到此，他便命主考官前去探寻一番，看看刘若宰究竟长得怎么样？结果不看不知道，一看吓一跳，主考官回话时摇头不止，说刘若宰不仅长得丑陋，而且还是一个小罗锅。

这下子皇帝可犯难了，究竟选谁好呢？一时拿不定主意。无奈之时，有人提议干脆抽签来决定，皇帝采纳了这种建议，便把呈送上来的36人做成36个金箸用来抽取，结果连续抽了三次，居然都是刘若宰。皇帝想，人算不如天算，既然天意让他做状元，那就只好选择他了。最后，刘若宰终于被擢为本科进士第一人。

另一种传说是，刘若宰是靠着偷奸取巧当上的状元。事情的经过是这样的：殿试之后，刘若宰的试卷令人叫绝，思宗皇帝也赞不绝口，可是一看他丑陋的面孔，选择他为状元又不是很情愿；可是不点吧，觉得单纯的以貌取人又有失公允。踌躇再三，皇帝还是把已经蘸满朱砂的笔轻轻地放下了，又故意想出一个不是理由的“理由”说：“安庆地小风水差，不能点状元。”

刘若宰听了皇帝的话，明白这是别有用心的理由，他便将计就计地说：“启奏陛下：臣的家乡上有七里凉亭，下有五里大庙，日有千人作揖，夜有万盏明灯，风景甲天下，人杰地灵，理应点状元。”皇帝听他如此渲染，真的有点儿信以为真了，误以为安庆这地方有七里长的凉亭，五里宽的大庙，日夜灯火通明，人流如潮，自己首先觉得之前那个理由显然站不住脚了。其实是刘若宰故弄玄虚，钻了皇帝一个空子。如果皇帝真的较起真来，他就会说“七里”“五里”指的是在七里处和五里处；至于说“千人作揖”“万盏灯火”，指的是船夫划船和夜晚映入江中的星斗。可是不管怎么说，他还是把皇帝给蒙住了，皇帝也相信刘若宰是不敢说假话的。

正在这个时候，皇帝刚拿起笔来，饱蘸满朱砂墨水的笔滴下一滴墨水来，正好落在了刘若宰的名字旁。于是，皇上突发奇想，便借题发挥地说：“朕再问你，这新科状元是‘点点’为大呢？还是‘滴滴’为大？”刘若宰想，按理说应该是“点点”为大，因为毕竟是在“点”状元啊！可又一想，“滴滴”的“滴”字与皇帝的“帝”字谐音，还是“滴滴（帝帝）”为大更能符合圣上心意。于是他说：“千古以来，只能是帝帝为大。”听了他的话，龙颜大悦。眼看着刘若宰靠着机智就要摘取这顶状元的桂冠，一位大臣为了讨好皇帝，也为了讽刺刘若宰，随口说出一句对联的上联来：

驼背桃树倒开花，蜜蜂仰采。

刘若宰一听，自然明白这位大臣的用意，心想：你不祝贺我就算了，相反倒在这里讥讽我，也太不仗义了，况且你也不比我长得好到哪里去。于是，便微微一笑回敬他一句：

扭颈莲蓬歪结子，鹭鸶旁观。

崇祯皇帝听了两个人妙趣横生的佳对，喜不自胜，御笔趁势一圈，刘若宰就成了崇祯朝第一位状元。

高尚情操

许多人都知道“坐怀不乱”的故事，说的是春秋时鲁国人柳下惠夜寓城门，有一个找不到住处的女子来求宿，柳下惠唯恐夜寒把她冻死，便解开自己的外衣叫她坐在怀里，并用外衣裹紧她，同坐一夜，没有丝毫的非礼行为。在明代的状元名录里，有一个叫刘理顺的人，其高尚情操似乎可以与柳下惠相媲美。

刘理顺的科考之路可谓历尽艰辛。他在屡考不中的情形下，为了生活，也为了积蓄力量，曾到一个有钱的人家做私塾先生，一边当先生一边做学生，有时为了教好这个富户人家的儿子，饭都顾不上吃。主人出于感激，就特意安排了一个十六七岁的小姑娘服侍他，两个人在一间屋里共同生活了三年。三年后主人的儿子已学有所成，刘理顺也要离开这里了，临行前把小姑娘交回了主人。主人当时大惑不解，说：“我让她服侍你，其实就是让她跟你的，你要走就带着她一起走吧!”刘理顺说:“我虽然和她在一起三年,但从来也没有过非分之想。她聪明伶俐,我希望你能帮助她找一个好人家。”听了他的话,主人称赞他说:“真乃柳下惠在世。”并写了一首诗赠给他。诗云:

美容可爱复可怜,三年同君一室眠。
坐下怀中心不乱,方知柳下在眼前。

读了主人的赠诗后,刘理顺认为主人曲解了他的意思,便回赠了一首。诗云:

谁说美容我为怜,情牵不动只独眠。
席间有妓胸无妓,程明道话今尚存。

刘理顺借用南宋大理学家程明道“席间有妓胸无妓”这句话表明了自己的心迹,从而也体现了他的高尚情操。

明神宗万历三十四年(1606),刘理顺乡试中举。在此之后,其科举的道路就不是太平坦了,仅会试他就考了十几次之多,尽管屡屡失败,但是他从不气馁。二十七年后,也就是明思宗崇祯七年(1634),他终于大魁天下。这时的刘理顺已经53岁了,崇祯皇帝回宫后兴奋地说:“朕今日得一耆硕矣。”

神童破题

明代有一个赵时春,从小就聪明过人,虽然年纪很小,但他已熟练地掌握了应试八股文的思维方法,领会了应试八股文的窍门,并能灵活地运用它。9岁那年,他应童子试,文章已经作得相当好。

考官看了他的文章后，以为是别人代作，便有意当场出题难为他，于是以《子曰》命题让他作破题。

赵时春自然知道考官的用意，稍作思忖，便脱口破题道：“匹夫而为百世师，一言而为天下法。”考官惊奇之余，又步步紧逼，又以他的名字“赵时春”三字为题让他继续破题。这时，赵时春仍旧镇定自若，马上应声作答：“姓冠百家之首，名居四序之先。”话刚落定，考官便伸出了大拇指，露出了欣喜的笑容。

赵时春作的这两个破题十分精妙。前一道题他借用苏轼《韩文公庙碑》中的两句话，句中暗含“子曰”之意；后一道题用“姓冠百家之首”暗指《百家姓》中“赵钱孙李”的“赵”字，用“名居四序之先”暗指一年四季春夏秋冬的“春”字。由此可见，这里用的都是“暗破”，其写作手法的高超不能不令人叹服。

清代故事

仪表异人

古往今来，无论是什么场合，以貌取人似乎是人们的一种习惯，就是场面异常庄肃的科举考场，也免不了有这类事情发生。清初的吕宫能考取状元，恰恰是占了鳌拜也有这种习惯的便宜。

江苏武进的读书人吕宫，字长音，一字苍忱，号金门。清顺治四年（1647）丁亥科参加廷试，这天正好赶上下大雨，吕宫不小心将考试用的铜格尺丢失了，但他丝毫不慌张，仍神情自若地走进考场。当时朝廷规定，只给考生提供一张低矮的小桌，应考的学子只能跪在地上答卷。在一派紧张的气氛中，跪着的考生们不一会儿就支撑不住了，一个个东倒西歪、千姿百态，很多人露出疲惫不堪的样子。

就在考生神情专注的答题的时候，亲王鳌拜大摇大摆地走进了考场。说起鳌拜，那可是声名显赫的人物，不用说各位考官，就是当朝皇帝顺治对他也得敬畏几分。他走进考场，几位主考官很自然地走向前去。因为鳌拜是行武出身，他平常就非常看重年轻人的坐姿站形。一看考生们前俯后仰的样子，心里就觉得很不舒服。突然他发现有一名考生“仪表异常，跪如立”，看上去有一种鹤立鸡群的感觉，心头便掠过一丝欢喜。高兴之余，他便走上前去，往卷面上一看，发现别人写字都打出衬格，只有他“独无格，落笔精整，策对甚直”。因为鳌拜并不知道他丢失格尺的事儿，所以从心里赞赏这个年轻人的楷法水平。

于是，他在高度赞赏的同时，又指给身边的主考官们看，主考官们本来就巴结鳌拜唯恐不及，此刻更加随声附和地迭声说好。就这样，吕宫轻而易举地夺得了状元桂冠。

补考状元

清初，科举考试效仿元朝的科考制度，分设汉、满两榜，江苏无锡的读书人邹忠倚为顺治九年（1652）汉榜进士第一人。康熙朝之前，清代的科举考试多补应殿试，因为邹忠倚殿试前已经是上一科的进士，只是殿试还没有通过，所以他三年后补应殿试才成为本科状元，成为清朝历史上第一个“补考状元”。在他之后，即便补应殿试，也不得入鼎甲了。

相传邹忠倚小的时候曾经到钱塘一带出游，并兴致勃勃地来到于谦的忠肃祠祈祷，夜晚梦见忠肃公送给他一把瓜子，数一数共五十四粒。后来，他把自己的名字改为忠倚。长大成婚以后，有一天他的妻子和他闹着玩，摆出了“状元”两个字。让人不得其解的是，邹忠倚参加顺治九年壬辰科会试时，其考中的名次恰恰是第五十四位，后来参加殿试时就夺得了第一甲第一名。这种结果与他梦中的情形正好相吻合。

在封建社会的读书人看来，走科举之路毕竟是正途。他凭着自己的才学，顺利地通过了乡试、会试这两关。后来，他又赴京城参加汉榜殿试。为了节省路费，他与同路赶考的举子一起，夜晚在镇江金山寺里歇脚。第二天，二三十人分乘三条船渡江，不料刚走不远，江上狂风骤起，想要转舵折回已经来不及了，三条船在风浪中颠来覆去，众人大乱，五六人相继落水，生命危在旦夕。邹忠倚抓紧船帮，大声疾呼道："能救一人者送十两白银，捞到尸体者五两。"这一喊果然起作用，会水者竞相下水救人，因为抢救及时，结果没有一人丧命。后来虽然风力减弱，众人却不敢向前，只好折回。

由于解囊救人，邹忠倚的盘缠也所剩无几，再加上停留了数天，考期日渐逼近，他只得委屈自己的肚子和身体，尽可能地少吃少住并星夜赶路，终于在殿试前一天赶到目的地。他稍作歇息，第二天便进入考场。此次应试共四百余人，邹忠倚考中进士，此后就留在京城为朝廷办事。顺治九年，邹忠倚以己丑科进士身份补应殿试，一举中得状元。

相等袍服

明明考中了一甲第三名，可是皇上硬赐给他与状元郎相等的袍服，这在历史上可能是绝无仅有的。究竟是谁能受到顺治皇帝的如此青睐呢？他就是清顺治十二年（1655）乙未科汉榜史大成榜的鼎甲第三人秦鉽。

秦鉽少有奇才，博闻强记，少年时就显现出惊人的才华。见过他的人都说，这孩子将来一定有出息，参加科举一定能位居高第。虽然他文章写得好，诗歌尤见功力，但最出类拔萃的还是八股文的写作。秦鉽从小就知书达理，谦虚谨慎，从来不以自己的文章写得好而自夸。顺治五年（1648），他乡试中第。七年后，又在会试中夺魁。这样一来，人们对他更是刮目相看了。

据记载，当年的临轩策士典礼，是入清以来举行的第五次科举会试，秦鉽居然考取第一，一时间名声大噪。在那些日子里，京城的读书人辗转传抄秦鉽在试卷上写的文章，竟然出现了“洛阳纸贵”的景象。在这样的情形之下，顺治皇帝也正想趁此机会选拔一些文学青年，于是命令取原试卷呈送御览。考官们找出四份他们认为比较好的试卷，很快就呈送给皇帝。当顺治阅到第三份试卷时，回过头来问读卷官傅以渐：“你知道这是谁的卷子吗？”因为是弥封的试卷，傅以渐摇了摇头，说：“臣也不知道。”

顺治皇帝见他答不上来，又端详了一会儿卷子，非常肯定地说：“这份卷子一定是会元秦鉽的，从他的字体上就看得出来。”考官们拆开卷子一看，果然是秦鉽的。皇帝龙颜大悦，召见秦鉽并赐给袍服，袍服与状元的居然一模一样。由此可见，顺治皇帝是多么看重这个读书人。

德才兼备

人这个万物之灵长也真的挺有意思，有的人有德无才，人是好人，但论起才干来，就无从谈起了；也有的人有才无德，其才干堪称一流，其德行就让人唾弃了。但在历史上确实有德才兼备之人，清顺治十五年（1658）戊戌科状元孙承恩就是这样一个人。

孙承恩原名孙曙，江苏常熟人。在他小的时候，其文才就闻名于十里八乡，在科考场上夺魁是他从小立下的志向。他参加殿试时，顺治皇帝亲阅了他的试卷，对他在文章中敢于直抒己见、针砭时弊极为赞赏，特别是对他结尾的颂语“克宽克仁，止孝止慈”的论点更为服膺——通观全篇，结构完整，布局合理，议论说理，环环相扣。顺治称赞之余，一心想把他列为一甲第一名。可是拆开弥封一看，知道他原名叫孙曙，系江苏常熟人。皇帝马上联想到因顺天乡试作弊而流放关外的孙旸，是否与孙承恩有瓜葛？为验证虚实，他马上命大学士王熙前去调查了解，弄清楚他与孙旸的关系。

王熙与孙承恩是非常要好的朋友，不用去其家，就知道孙旸是孙承恩的胞弟。但他在皇帝面前佯装不知，目的是前去孙承恩家商讨对策。他见到孙承恩后，先是一五一十地把实情告诉他，然后直言不讳地对他说："现在的情况在这里明摆着，是升天还是入地就取决于你的一句话，如果你否认孙旸是你弟弟，状元非你莫属。"孙承恩想了一想说："福和祸是命里注定的，我绝不做欺君卖弟的事情。"王熙见他态度如此强硬，脑袋一点儿不转弯儿，便气哼哼地走了。

走到半路时，还是觉得这么走了对不住朋友，朋友的十年寒窗不就是为了这一天的金榜题名吗？于是又策马跑了回来，再一次苦口婆心地劝他识点时务，可是不管怎么开导他，他还是坚持自己的立场。王熙气得质问他："你这么做，难道就不会后悔吗？"孙承恩斩钉截铁地说："我谢谢你的好意。我既然这么做了，至死也不能后悔。"王熙见他话都说到这个分上，不可能再有回旋的余地了，便硬着头皮赶回宫来。

回到皇宫以后，一看顺治帝还在那里一边秉烛阅卷，一边等他回来。见了皇帝以后，王熙也只好如实禀报。让他想不到的是，皇上不仅没有为此事怪罪孙承恩，反而龙颜大悦，他愈发觉得孙承恩的精神可嘉，忠不欺君，义不卖弟，忠信可贵，这样德才兼备的人才非常难得。想到这里，他御笔一挥，将孙承恩钦点为一甲第一名。

敏而好学

在封建科举时代能考取进士的，不管是状元、榜眼还是探花，都是出类拔萃者，有的时候可以说很难分出高低。清顺治十六年（1659）己亥科徐元文榜进士第三人叶方蔼虽然是一名探花，但应该说也不一定真的比状元差，事实证明他完全可以称得上一个真才实学的读书人。

清顺治十四年（1657）叶方蔼被升任为国子监司业，后来又改任翰林院侍讲。有一次，顺治皇帝在瀛台大宴群臣，众大臣酒酣耳热之时，纷纷即兴吟诗作赋，并呈献给皇帝。叶方蔼也写了一篇题为《八箴》的诗文，顺治拿到手里以后，自己欣赏了一会儿，又将诗文给大学士熊赐履看。熊赐履看了一会儿，止不住地啧啧赞叹："真的是无法相比啊！大家的连篇累牍，也不如叶方蔼的片纸只字。"顺治皇帝听了他的话，微笑着点了点头。

叶方蔼有如此的才华，得益于他孜孜不倦的学习，可以说，为了寻求知识，他不放过任何一次机会。清顺治十八年（1661），朝廷开博学宏词科，这时候担任掌院院士的叶方蔼同时充任阅卷官，是当时受命阅卷的四学者之一。校阅试卷，也非同小可，时称得人。叶方蔼修《四书满汉讲义》的过程中，发现"羔裘元冠不以吊"这句话中有一个"元"字，便踌躇再三拿不定主意，总觉得应该是圣讳。他在拿不太准的情况下，便与其他学者探讨，结果身边的大多数人都说不出确切的答案来。

唯独翰林典簿穆维乾说出了自己的看法："大字可以仍然按照原字，以示对经书的尊重；小注就要改'元'字以避讳了。"叶方蔼穷追不舍地问道："这是为什么呢？难道你有什么根据吗?"穆维乾说："《中庸》慎独，乃原字，小注改'谨'字"。经过穆维乾的一番点拨，叶方霭恍然大悟，并谦虚地说："我从小就对此有疑问，今天总算弄明白了。"从此，他对穆维乾更增加了几分敬意。

网罗人才

任何事情都没有一帆风顺的，从历史上看，制举尽管被朝廷所重视，但也有被蔑视的时候。清初，朝廷为了拉拢知识分子，缓和民族对立情绪，曾下令开设博学宏词科，目的是搜罗人才编纂《明史》。于是发动朝廷上下举荐名士来应试，可是一些从明朝过来的学者为了保持忠于明朝的气节，坚决不与朝廷合作。清康熙、乾隆年间举行过多次博学宏词科考试，及第者得到了很高的礼遇，有的直接被授予翰林，但一些人总觉得这些人不是进士正途得到的翰林官，所以常常称他们是"野翰林"。

当时的明遗民学者都表示拒绝应试，最有代表性的人物如顾炎武、黄宗羲、万斯同等明确抵制这场考试。山西有一位学子傅青主，为了让他参加考试，朝廷硬是命令多人用轿子把他抬到皇宫紫禁城外，结果他死活就是不下轿，抬轿的人没办法只好把轿子掀翻，让他从里边跌出来，权作下拜谢恩，可是最后他还是以生病为由拒绝了这次考试。还有的考生即便来到考场，也故意装作答不上来。如无锡名士严绳孙虽然被强迫应试，只写了一首诗就草草交卷，本来就没打算被录取，结果却被皇帝亲点为二等。

康熙时有四个阅卷试官，名字叫李蔚、杜立德、冯溥、叶方霭，落第者便作诗讽刺他们和中第者。诗云：

自古文章推李杜，而今李杜实堪嗤。
叶公懵懂遭龙虾，冯妇痴呆被虎欺。
宿构零拼璇玉赋，失粘落韵省耕诗。
若教修史真羞死，胜国君臣也皱眉。

明眼人一眼就看得出来，这首诗前四句切四主试阅卷官之姓，第五、六句指题目《璇玑玉衡赋》和《省耕诗》，讽中选者汪琬、潘耒、李来泰、施闰章诗赋之疵病，第七八句指以诸人修明史为可羞。但后来的清末探花商衍鎏称："是科所取，皆绩学之士，落第者之怨谤，实不足为据。"

楷书工整

在清代，殿试能否高第，除了其答题的内容准确无误外，有时还要以应试者的书法来定优劣。而书法原本只是要求试卷形式上的整齐，以利阅卷者评阅考卷，后来渐渐发展到"楷法取士"的程度。清顺治十二年（1655），史大成能够最后摘取乙未科状元的桂冠，就与其书法精美有些关系。

史大成出身于农耕之家，他的父亲粗通文墨，在其父亲的影响教育下，他从小就聪颖好学，刻苦读书。16 岁时就考取秀才，明崇祯十三年（1640）又考取举人。后来，他见朝廷风雨飘摇，知其国祚不长，便放弃科考。直到清定鼎中原后，他才在父母的再三督促下重新参加乡试，并取得了非常优异的成绩。参加殿试时，他的试卷被主考官拟为第三，皇帝御览时十分推崇他的书法，说："此人楷书工整，必定是个正人君子。"于是钦定他为状元。

史大成是清代浙江所出的第一位状元。在他中状元之前，浙江民间便流传着一种说法，说浙江的状元在清代是“始于史，终于钟”。巧合的是，浙江所出的最后一个状元叫钟骏声，惊人地验证了“始于史，终于钟”的说法。

慧眼识人

乾隆皇帝曾说过这样的话：“菼雅学绩文，湛深经术，所撰制文，清真雅正，开风气之先，为艺林雅则。”一朝国君如此推重一个读书人，想来这个人一定是很出类拔萃的。这个人就是“顺康四大家”（刘子壮、熊伯龙、李光地）之一的韩菼。

韩菼出身于书香门第，从小就在其父韩酚的严格训练下精研经史、贯通百家，尤其擅长作八股文。殿试所作之文，被后世想要参加科考的人视为范文。然而就是这样一个饱学之士，在科考的道路上也同样遭受煎熬、历尽坎坷，后来多亏遇上慧眼识人的徐乾学，才改变了他的人生命运。

他第一次参加童子试时，考官称他写的文章不合时俗而被视为“劣文”，并把它贴在学府的墙上公布于众，成为众学子的笑柄。当时韩菼心灰意冷，心想科举这条路是很难走下去了。可正在这时，徐乾学来到苏州，听说这件事后，特意找来韩菼的文章读了一读，觉得并不像人们嘲笑的那样，相反恰恰是一篇绝妙的好文章。于是他让身边的人找来韩菼促膝交谈，两个人越谈越投机，徐乾学当即决定收其为自己的门生，然后又把他带到京城。

据张伯驹《素月楼联语》记载，韩菼在授读蒙馆期间，有一次馆中生徒正在朗诵《礼记》，其中有这样两句——“临财毋苟得，临难毋苟免”，蒙馆主人却硬让学生将“毋”读作“母”。如此荒唐的事情，正好被在此经过的一位名士听到了，不由得暗暗发笑，并有感而发顺口说出了半句联语：

曲礼一篇无母狗。

听了名士的话，大家你看我、我看你，无言以对。过了一会儿，只见韩菼慢慢地抬起头来，应声对道：

春秋三义有公羊。

名士惊叹不已，从此与其结为朋友。

清康熙十一年（1672）春，韩菼参加顺天府乡试。考试结束后，主考官徐乾学认真地翻阅起被筛选出来的所谓优秀试卷，看了半天也找不到让他满意的试卷。没办法，只好将别人已经淘汰过的试卷抱了回来，翻着翻着突然发现了一份让他格外欣喜的试卷，文章语出新意、不落俗套，而且字迹也很潇洒漂亮，不容分说便把这份卷子提出来。让他意想不到的是，过几天拆开弥封一看，竟然是韩菼的，韩菼由此中举。接着在以后的会试和殿试中，韩菼脱颖而出，连中两元，并最终成为清康熙十二年（1673）癸丑科状元。

论述精彩

“翳冯虚之眇躬，乘一气之鸿蒙，知生死如昼夜，乃原始以反终。唯循理而顺命，坦逍遥兮大同，庶朝闻兮夕可，亦不滞乎若空，乘白云兮怅望，念来者兮忡忡……”

这是一篇墓志铭。一般地说，所谓的墓志铭，大多都是人死后别人为其题写，而此篇却是一位弥留之际的老人为自己撰写的，他就是清康熙十五年（1676）丙辰科状元彭定求。

彭定求出身于书香世家，从小就以能够夺冠光耀门楣而自励。小的时候，他痴迷于扶乩之术。长大以后，拜著名理学家汤斌为师，开始转变兴趣，潜心研究理学，并下工夫攻克制艺的难关，为日后参加科举考试做准备。清康熙十五年二月，他入京参加会试，一举夺得会元。三个月后应考殿试，当时他的试卷被阅卷大臣排在第三的位置进呈给皇帝御览，康熙在阅读试卷时被他其中的论述精彩之处所吸引，一边欣赏彭定求的卷子，一边问阅卷大臣为什么把会元的试卷排在第三的位置？大臣们战战兢兢地说，因为从卷面上看，彭定求的书法不如前两个试卷写得好。康熙一听是这个理由，脸色突然变得严厉起来，气愤地说："会元这篇策论的最后几行有劝勉朕的意思，论述相当精彩。难道先儒大师周（敦颐）、程（颢）、张（载）、朱（熹）他们都是书法家吗？"众大臣无言以对，只好赶忙跪地请罪。彭定求果然被拔至第一。

清康熙四十四年（1705），康熙南巡到苏州，又想起在家养病的彭定求，不仅派人赐"御书"，而且给予他高度评价，称"你学问好、品德好、家世好"。就在这一年，他奉命在扬州书局参与编校《全唐诗》，并担任总裁职务，直到成书后才告老还乡安享晚年。

爱才心切

科举时代，有许多妙趣横生的故事。

清初安徽宣城有一位进士，也是一位八股名家，名字叫施润章。有一次科考众秀才，准备择优送到省上参加乡试考举人。当时考场上出了一道八股文试题，题目是《宝藏兴焉》。熟悉“四书五经”的人都知道，它出自《中庸》第二十六章，全文云：“今夫天，斯昭昭之多，及其无穷也。日月星辰系焉，万物覆焉。今夫地，一撮土之多，及其广厚，载华岳而不重。振河海而不泄，万物载焉。今夫山，一卷石之多，及其广大，草木生之，禽兽居之，宝藏兴焉。今夫水，一勺之多，及其不测，鼋鼍蛟龙，鱼鳖生焉，货财殖焉。”

其实，这一段话很好理解，也是“四书”中的精彩名段。然而偏偏有一位秀才错解了题意，居然在抄完试题后把下文“今夫水”以下数句都抄上了，按“水”的内容写了一篇文章。等到发现时，时间已经来不及了，没办法只好将错就错在文章后面写了一支曲子，聊以解嘲。词云：

宝藏在山间，误认却在水边。山头盖起水晶殿，瑚长峰尖，珠结树巅。这一回，崖中跌死撑船汉，告苍天，留点蒂儿落，好与朋友看。

想不到这位秀才的文章却遇到了知音，施润章看到后竟喜出望外，情不自禁地和了他一首曲子。词云：

宝藏将山夸，忽然间在水涯。樵夫漫说渔翁话，题目虽差，文字却佳。怎肯放在他人下。尝见他，登高怕险，那曾见，会水淹杀。

可见，两个人都很诙谐幽默，都很有才情，不但八股文作得好，而且也都是作曲子的高手，尤其是施润章的惜才爱才之心更是活灵活现地展现出来。正是因为他爱才心切，所以他仍将这位秀才的试卷附在榜末，让他和别人一起去考取举人。

“饽饽”状元

“饽饽”，北方人俗称大饼子。“饽饽”与状元有什么必然联系呢？这要从一个科举故事说起——

故事的主人公叫李蟠，他的祖父和父亲都是有著作传世的著名文人，他自己也是闻名乡里的文墨高才。当时的知县曾劝他参加科举考试，说：“当今圣上求贤若渴，以君之才，如应试，必魁多士。”李蟠回答说：“大丈夫立于世，焉有不慕功名者！只是学生自知文思迟涩，学问不精，尚需磨砺耳！”从此以后，他断绝朋友往来，埋头读书，潜心学问，很快学有所成，连续攻克乡试、会试两大难关，一举成为一名贡士。

然而，最让他刻骨铭心的就是殿试了。考试之前，他为了保持足够的精力应考，特意从家里带来36个饽饽准备饿时充饥。一进考场，他先吓了一跳，一看主考官是吏部尚书熊赐履和礼部尚书张英，知道这两位都是学问高深之人。再一看同考的同学，居然有姜宸英这样的名士。情急之中，他半天写不出一个字来。夜幕降临之时，许多应试者都交卷退场了，唯独他苦苦地坐在桌前。担任守护的人一再上前催促，要他交卷退场，想不到他痛哭流涕，苦苦地哀求说：“请不要催我了，我平日寒窗苦读，我的人生前途就寄希望于今天了。”结果，监考官和守护的人都被他的眼泪打动了，默许了他的超时答卷。于是，他拿出“饽饽”一会儿吃一个，等到吃完第36个“饽饽”时，终于将试卷交到监考官手里。

第二天，这件事被人们当作笑料传得沸沸扬扬。康熙皇帝听说这件事以后，不但没有任何一点责怪当事人的意思，相反还动了恻隐之心。他觉得如此苦心之士，为什么不能让他功成名就呢？像姜宸英是已经有了名望之人，要不要这个状元已经是无所谓了。于是钦定李蟠为清康熙三十六年（1697）丁丑科进士第一人，其也成为历史上第一个“饽饽”状元。

在这次殿试中，姜宸英被点为探花。这时的他已经是年过古稀的老人了，对此他一直忿忿不平，曾写过一首五言诗戏赠李蟠。诗云：

望重彭城郡，名高进士科。
仪容如绛勃，刀笔似萧何。
水下还生子，虫边更著番。
一般难学处，三十六饽饽。

捡个探花

称有人在科考中捡个探花，恐怕许多人不会相信。但如果知道清雍正十一年（1733）癸丑科进士沈文镐高中探花的来龙去脉，就会确信无疑地说他这个探花的确是白捡来的。事情的经过是这样的——

在雍正皇帝的眼里，江南崇明人沈文镐不过是一个平常之人，而且看上去略显苍老。在他参加殿试时，成绩虽然也很优秀，但总是与进入鼎甲行列的人还有一段距离。当时的阅卷大臣把他排列在二甲第一名的位置上，也就是总体上说第四名的位置。按照朝廷规定，前十名的试卷都要呈送给皇帝审阅。雍正皇帝在阅览中发现第五本试卷明显占优，觉得言辞真挚恳切，论理清晰透彻，决定将其从第五名升至一甲第三名的位置。

皇帝阅览时并不知道这究竟是谁的试卷，等到拆开弥封一看，竟然是当朝大学士张廷玉的公子张若霭，雍正皇帝喜形于色，不由得感叹道：“大学士张英（张若霭的祖父）为官几十年，一段‘六尺巷’的故事被人传为美谈；张廷玉朝夕伴君左右，经常用尧舜来期望我，我当然也期望他这样的忠臣。如今，张若霭继承家世的德才，取得今天这样的好成绩，这不仅是他家的喜事，也是朝廷的一件圣事啊！”说完这番话，他便下令传谕张廷玉，以向他表示祝贺。

张廷玉拜见雍正皇帝之后，马上脱帽叩头，并忙不迭地请求说：“我家世代深受皇上的恩泽，已经是感恩戴德了，如果再让我的儿子占据其鼎甲的位置，更让我寝食不宁、坐卧不安了。我请求皇上还是把这个高位让给天下的寒门子弟吧！”听了张廷玉的这番话，雍正皇上觉得无语可说了，因为他看得出来，张廷玉的这些话是发自内心的，于是在高度赞赏这位大臣谦虚谨慎的同时，违心地接受了他的请求，将排在第四位的沈文镐擢升为一甲第三名。

后来知道底细的人说，沈文镐真的是白捡了一个探花。当然，沈文镐也不是等闲之辈，如果说他不是排在前十名，也不可能碰上这么好的运气。

不忘丑妻

戏曲上的陈世美历来为正直人所不齿。但是古往今来，现实中的陈世美总是不乏其人的。本来在贫困时是一对患难与共的恩爱夫妻，可是丈夫一旦身份和地位发生了变化，好多人就开始嫌弃自己的糟糠之妻了。封建社会里，男人“休妻”多与这种恶行有关。当然也有与此截然相反者，清乾隆十六年（1751）辛未科状元吴鸿最为人称道的就是富贵不忘丑妻。

吴鸿小的时候因为家境贫穷，吃了不少苦，常常是吃了上顿没下顿，所以他长得非常孱弱。限于自己的条件，后来他与一个卖豆腐人家的女儿定了婚。这个女人长得很丑，长大以后两个眼睛也花，两条腿也渐渐地瘫痪了。等到吴鸿乡试中举以后，这个卖豆腐的越来越觉得心里不安，心想作为一个举人怎么会娶我这样的女儿呢？于是，他便劝吴鸿中断这门亲事。这在有的人看来可能是求之不得的，但是吴鸿当即表示："这可不行。以前我没听说她有此病，而今天她突然瘫痪了，这是天意，违背天意是不吉祥的。"卖豆腐的回家以后，把吴鸿的这番话告诉了自己的女儿，说你真是遇上大好人了。打这以后，也可能是吴鸿的这番话感动了上苍，他的这个瘫痪夫人竟然渐渐地好转起来，后来真的和健康人一样了。

说起来真是好事连连，清乾隆十二年（1747）吴鸿参加浙江乡试夺得了解元。四年以后殿试开科取士，考试结束后，阅卷大臣将与吴鸿同科考试的刘墉作为呈送卷第一名送给乾隆皇帝。乾隆认为刘墉的策对写得平平常常，看不出他有什么超人的才华。可是这样的试卷又为什么把他列为第一呢？乾隆怀疑阅卷大臣是借此机会巴结当朝大红大紫的刘墉的父亲，想到此，他将刘墉贬到二甲第一名，把吴鸿拔至一甲第一名。对此，有的阅卷大臣觉得这样做有失公允，但乾隆皇帝说："今取一朝状元，必得有众人向往之才气，平庸之人怎能夺冠？"众大臣听皇上这么一说，就没有人敢再吱声了。也有人说，吴鸿墨卷外露，其上下文卷多写了一个"而"字，倘若被发现，恐怕前十名也排不进去。但不管怎么说，吴鸿还是当上了状元。

吴鸿考取状元后，即授职翰林院修撰。清乾隆二十七年（1762）他在出任湖南学政期间，曾与钱大昕、王杰一起出任湖南乡试典试官，考生出场后要把试卷都交到他手里。他阅卷后对丁甡、丁正心、张德安、石洪翥、陈圣清的文章极为赞赏，并对身边的人说："这五个人如果有一个人考不中的话，我以后就不再评阅文章了。"等到发榜后一看，五个人果真都榜上有名，只有一个人排在前五名之外。从此以后，人们更钦佩他的超人眼力了。

两中鼎甲

一个人怎么会两次考中鼎甲呢？这似乎是不可思议的事情。历史上还真的有这么一个读书人，创造了中国科举史上的鼎甲之最。

马全是清乾隆十七年（1752）的武探花，原来的名字本来叫"马瑔"，性情耿直，麦秸秆儿脾气——沾火就着。一次，他与同僚在一起闲聊，因为同僚不经意的一句话便动起肝火来，以至于最后竟拳脚相加、大打出手。因为同僚不是他的对手，便败下阵来，离他而去。可是马全仍然不依不饶，又骑上马追赶，结果两个人又在吊桥上厮打起来，后来双双跌入护城河里。

上岸后，在众人劝解下，才勉强把两个人分开，并被扭送到总督衙门。后来，经总督喀尔吉善的参劾，马全被革去官职。在好长一段时间内，他从朝廷命官一下子沦落到街头的小混混。可是，他当时还不满 30 岁，总有一种壮志未酬的遗憾。由于他处处流浪，不知不觉间又流浪到京城。当时正赶上朝廷举行乾隆二十四年（1759）武科乡试，他便跃跃欲试，心想不妨改一下名字试一试。

就这样，他把自己的名字改为"马全"，报名参加了顺天武科的考试。因为他毕竟有功底，所以还真的考中了，被录取为武举人。第二年，他又一不做二不休，又报考了武科会试，结果天遂人愿，又一次如愿以偿了。等到他报名应考殿试时，还是没有瞒过乾隆皇帝的眼睛，一下子认出他就是当初的“马璟”。乾隆皇帝不解地问：“你不就是以前的马璟吗?”他知道“欺君”之罪的严重性，便马上承认下来。后来他在殿试中斩关夺隘，一路领先，考出了非常优异的成绩，乾隆皇帝也就认可了这个事实，再次钦点他为武状元。

一三互换

纵观封建王朝的科举考试，读书人披荆斩棘考取状元的毕竟是极少数，但也有人就是由于某一种机缘而易如反掌地当上了状元。如清乾隆二十六年（1761）恩科进士第一人王杰，就是因为自己的籍贯是陕西的，就顺理成章当上了状元。

王杰是陕西韩城人，清乾隆十八年（1753）以拔贡考铨蓝田教谕，七年以后参加乡试得中举人。清乾隆二十六年，他又参加恩科廷试。早在会试之前，朝廷就风传近几科头几名多半被参试的军机处所占有，说负责阅卷的大臣们故意偏袒，这些话且传到了乾隆皇帝的耳朵里。而且这次廷试的状元呼声最高的又是军机处人员的赵翼，赵翼本人也踌躇满志，势在必夺。

赵翼虽然想当状元，但心里比谁都明白难度相当大。军机大臣们就是为了避嫌，也不能轻易推举自己，况且自己的字体好多人也都熟悉，弄不好肯定被排在十名之外。比较友善的师友也劝他说，你就死了这条心吧，能做一个普通的进士已经不错了。赵翼嘴上不说，但还是不愿意放弃。他暗暗下定决心，并想出一个好办法，军机大臣们不是认识我的字吗，索性就改变字体和语言风格，由大家都认得的“石庵体”（清书法家刘墉，字石庵）改为谁都不知情的“欧体”。

考试完毕后，九名阅卷官都分别在自己以为最好的十本卷子上画了圈，然后以圈的多少初拟名次，结果最好的是九个圈。拆开弥封之前，阅卷官刘纶生怕赵翼进入前十名又招来议论，特意与身边的人打了招呼，每个人都对前十名的试卷进行字迹上的辨认，结果谁也没发现赵翼的笔迹，后来还将剩下的所有卷子都翻了一遍，仍然没有找出。这时候，刘纶有点怀疑画九个圈的卷子是赵翼的，但刘统勋固执地说："这个卷子我认真地看了，的确不是他的。他在我家住了多年，他的字就是烧成灰，我也能认得出来。"经过一番折腾，直到拆开弥封后才真相大白。

乾隆皇帝用了挺长时间看试卷，觉得名次排得还可以，等拆开弥封一看，九个圈的卷子正好是赵翼的，胡高望排在第二位，而王杰的卷子是六个圈，排在第三位。乾隆皇帝一看前两位都是军机处的，觉得很失望，一看王杰是陕西的，便转忧为喜，然后对诸位大臣们说："赵翼的文章确实不错，但江浙一带已经有好多状元了，而陕西却一个也没有，现在战场上西北大捷，也应该在陕西点个状元了。"于是，他把第一位换成了第三位，王杰擢升为一甲第一名。

借我之手

在清代的各级科举考试中，相对地说，乡试这一级出的问题最多，一是由于录取的比例太小，二是仅由朝廷派少数几个人奔赴各地组织考试，关防难以达到足够的缜密，考场上经常出现这样和那样的一些漏洞，有的漏洞真可谓让人啼笑皆非。

清乾隆二十四年（1759）己卯科乡试，浙江考场第一场考试中有一道分析《子游为武城宰》其中一节的考题。杭州有一个姓孙的考生本来已经交了卷，可是走到贡院门口，却觉得自己的试卷漏了一个字，便匆匆忙忙地跑回来，乞求收卷官把卷子返回来，再重新检查检查。应该说，他也算碰上了好说话的收卷官，看他可怜巴巴的样子，也就爽快地答应他了，并找出他的卷子递给了他。

由于时间有限，再加上精神高度紧张，他翻开自己的卷子不由得大吃一惊，发现在“澹台灭明”四个字上少了一个“曰”字，便用嘴舔湿笔毫，工工整整地添补好。再接着往下看时，他额头上马上急出了汗珠，“宋光明”三个字映入他的眼帘，他一下子醒悟了，连连叫喊：“不对！不对！这不是我的卷子。”等到他告诉收卷官自己的名字，并费劲巴力地找出自己的卷子时，一遍又一遍的复查，结果并没有发现自己的卷子有什么脱漏。

这一番折腾，应该说对自己是没有任何补益的，相反倒暗中帮了别人的忙。他自己也知道，在考场上，有时候一字之差就决定成败，但事已至此，也没有别的办法了。他拍着自己的脑门自言自语地说：“这可能就是所说的天意吧，宋光明一定能考中，因为神明在借我之手帮助他啊！”结果真的让他言中了，发榜的结果证明宋光明果然高中了第二名举人。

这是天意

三十年间，县考无名，府考无名，道考亦无名，人眼不开天眼开；

八十日里，乡试第一，会试第一，殿试又第一，蓝袍脱下紫袍归。

明白人一看就知道，这副对联是一位读书人科考际遇的真实写照。这个读书人中状元衣锦还乡之后，他没有忘记当初“助我上青云”的亲朋好友。酒酣耳热之时，有人提出让状元郎题咏留作纪念，于是他欣然提笔写下这副饱含酸甜苦辣的对联。他就是清乾隆四十三年（1778）戊戌科进士第一人戴衢亨。

戴衢亨被点中状元也充满着戏剧色彩。

殿试结束后，主考官按照惯例将他们认为可以排在前十名的试卷呈送乾隆皇帝。按照阅卷大臣们的意见，北京邵自昌的试卷排在第一名。乾隆皇帝审阅时尽管觉得有几句论述得不连贯，可总体想法还是想尊重阅卷大臣们的意见，并没有改变其排名顺序的想法。可是当他准备拆开第一份试卷的弥封时，竟然出现了不可预料的情况。

当负责拆封的吏部尚书程景伊拿起邵自昌的试卷时，可能是装订时弄得太紧了，怎么拆也拆不开。坐在一旁的乾隆皇帝看在眼里，便提出把第二、第三名往前挪，而把邵自昌的试卷暂且窜到第三名。可是等到原来第二、第三的试卷拆开后，继续拆邵自昌的卷子仍然没有打开，结果乾隆皇帝又命人把第四的试卷再移为第三，最后等拆完四号卷才把邵自昌的卷子拆开。邵自昌的卷子为什么迟迟拆不开呢？乾隆皇帝认为这是天意，决定让程景伊按实际拆卷的顺序填榜。这么一窜，状元的名次发生了戏剧性的变化，原来被排在第二的考生戴衢亨变成了“天下第一”的状元。

有占便宜的就有吃亏的，北京考生邵自昌却只能屈居二甲第一名，得了个“金殿传胪”的名号。

沙里淘金

人们常说，是金子总会闪光。清嘉庆年间的姚文田最终能大魁天下，就说明了这个道理。

姚文田，字秋农，号梅漪，归安（今浙江湖州）人。他从小生活在一个贫寒的家庭，父亲客游他方，母亲沈氏对他亲授经籍，有时候家里生不起火，就干脆一天吃一顿饭。人们劝他的母亲说，不行就把家里的旧房废地卖掉吧。沈氏说："那可不行，等我儿子长大做官时，留下此地盖一品房呢！"

清乾隆五十九年（1794），乾隆皇帝出巡天津，姚文田以举人应诏试获得第一名，授职内阁中书，充任军机章京。他从小就非常有心计，由于工作上的便利，他从内阁档案库借出大量的历科状元殿试试卷进行抄录揣摩，为日后的进取作铺垫。仅仅几年的工夫，他就抄录了大量的状元试卷，而且对每篇文章的谋篇布局、遣词造句都了然在胸，其书法也有长足的进步，有的人称其是整个清代读书人之冠。

姚文田在工作中曾因事得罪过一位协办大学士，他参加清嘉庆四年（1799）己未科殿试时，这位大学士正好担任阅卷官。因为他憎恨姚文田，所以不想让他考上状元，便想方设法做手脚。考试结束后不久，他就私下里找出姚文田的试卷，趁着人不注意把卷子藏匿在三甲之后，且在别人看来一点希望都没有录取的卷子里，目的是不让其他阅卷官找到。

姚文田当时在朝廷里毕竟也算得上一个让人瞩目的人物，一些人对他期望值很高，也在有意无意间寻找他的卷子，可是却怎么也找不到。聪明人知道肯定是有人做了手脚，便到那堆三甲之末的试卷中找，结果真的给找了出来。那个协办大学士一看露了馅，但仍然跑出来挑毛病。但是毕竟众眼是秤，众考官一致的意见是将其排在前十名，这个大学士迫于无奈把姚文田的试卷排在了第九名。前十名试卷呈送给了嘉庆皇帝，皇帝阅读后，觉得姚文田的试卷明显地优于其他试卷，不仅文章写得好，而且书法也写得非常漂亮，便挥动朱笔钦点姚文田为清嘉庆四年己未科状元。

姚文田是清代蜚声朝野的著名学者，他不仅治学严谨，而且为官时一身正气。每当他奉旨担任科举的主考官时，他都要在考场大门的两边贴上这样一副令人警醒的对联：

> 科场舞弊，皆有常刑，告小人毋撞法网；
> 平生关节，不通一字，诫诸生勿听浮言。

真可谓发人深省，警策人心。

有辱斯文

过去的读书人历来崇尚“不为五斗米折腰”的精神，但是在科举时代，有的读书人为了能得到一个科名，置自己的人格而不顾，甚至会拿出死乞白赖的手法求助于人，这样的人即便真的获取了功名，也是让正直的人瞧不起的。

清代陆长春的《香饮楼宾谈》就记载了这样一件事：一次，彭元瑞主持某地的科举考试，考生中有一位60岁的童生，人家答卷时他在那里干瞪着眼睛写不出字来，等到交卷时却来了精神，不容分说就是跪地不起，并喋喋不休地说自己从少年时代就开始参加科考，一晃儿已经几十年了，大大小小的考试参加了三十多次，如今已经是花甲老人了，真心地希望能在有生之年穿上生员的衣衫。

彭元瑞当时看在眼里，心里也很不是滋味，既哀其不幸又怒其不争，可也没有别的办法，不表明态度他就真的不起来。最后，彭元瑞只好答应下来。

开榜公布时，这个老童生被列为额外生员。当时彭元瑞调侃似的在他的卷子上写下这样几句话：“年在花甲外，文在理法外，字在红格外，进在额数外。”

魁星降福

魁星降福，其实就是人们罩在状元头上的一个光环而已。魁星本来称“奎星”，有的人说它是二十八宿中的奎宿，也有人说它是北斗星中的一颗，不管怎么说，古人认为奎星是主管文章的星辰，因而把它尊奉为“天神”。据《听松庐诗话》记载，清乾隆七年(1742) 状元金甡能大魁天下，就得益于魁星降福。

金甡是八股文大家，他少年时家境贫寒，跟从他的哥哥“长儒先生”金虞读书，“教公（金甡）为文，溺苦不休，夜卧转侧，时闻讽背”。在其兄的督促帮助下，他学有长进，22 岁中举。可是，他在会试中却屡试屡败，让他意想不到的是过了十八年以后居然开始改观了，会试、殿试连连夺魁。

他为什么能时来运转呢？原来在他会试之前，他的女儿突然在家里惊叫起来，说看见一个蓝脸人从天而降。家里人拿出魁星的画像给她看时，她一口咬定说从天上降下来的正是这位蓝脸公公。说来也怪，既然说魁星下凡，老金家的好事儿自然就接踵而至，不仅金甡在科考中折得了桂枝，而且在三十八年之后他这个女儿的儿子汪如洋也考取了状元。

人们在羡慕金家好运连连的同时，都把这种幸运归于神灵的佑护上。

百岁考生

科举考试是没有年龄上的限制的，只要你家世清白，有科考的愿望，无论是乳臭未干的早慧少年，还是白发苍苍的老翁，都可以报名应试。清乾隆年间，广东就出现一位百岁考生，一时传为佳话。

这位可敬的老人名字叫谢启祚，真称得上“活到老，学到老”了。在他 98 岁参加乡试时，有人就提醒他按照当时朝廷的规定，就他这个年龄的老人用不着参加考试，只要报名就可以免试并请求皇帝的恩赐，而督抚也曾经多次答应为他造册上报，可是这位倔犟的老人却说什么也不肯。在他看来，科举是确定一个人名分的，我虽然年纪大了，但意志不能衰退，不会因为我的年纪大了就考不上吧。结果这次乡试他真的考中了，开榜以后他还写了一首《老女出嫁诗》以自嘲。诗云：

行年九十八，出嫁弗胜羞。
照镜花生面，光梳雪满头。
自知真处子，人号老风流。
寄语青春女，休夸早好逑。

诗中他把自己的中举比作老处女出嫁，这正是他经历了科场生活的酸甜苦辣所生发出来的真实感受。据说与他同榜中举的还有一个 12 岁的少年，从年龄上说当属自己的曾孙辈人了，因此称“弗胜羞”也是在情理之中的。尽管如此，但他仍不气馁，第二年又一鼓作气地参加了会试。老人的举动感动了乾隆皇帝，特意恩赐他司业官衔。清乾隆五十五年（1790）正赶上皇帝的八十寿辰，这时已经102岁的谢启祚托皇帝的福分晋升为鸿胪卿。

亡羊得牛

历史上亡羊得牛、因祸得福的事情不乏其例。

清乾隆三十年（1765），杭州举行第二场科举考试，沈尚德答完卷后因自己要看守行李，便委托表弟为其代交试卷。表弟把两张试卷卷在一起放进口袋，交卷时人很多，他把试卷抽出来便交给了收卷人，并声明交两张试卷，收卷人也没细看，就随手发回两支签。

回到家后，表弟突然发现布袋里还有一张卷，拿出来一看，正是表兄沈尚德的试卷。他顿时紧张起来，额头上马上沁出了汗珠。事已至此，无从补救，又不敢声张，只好偷偷地把表兄的试卷藏起来。至于说表兄能否被考取，他就管不了那么多了。

过了几天一发榜，沈尚德竟然名列第三。原来第二场考试后，誊录所突然失火，烧毁了很多试卷，沈尚德的试卷虽然未交，主考却以为肯定在被烧之列，于是根据第一场和第三场的成绩，就让他高中了。这好像是天方夜谭似的笑话，但不管怎么说，它佐证了一个事实，就是福与祸是相互依存的。

才学过人

刘凤浩从小就聪慧过人，清乾隆五十四年（1789），他殿试御赐一甲三名进士及第。当时，由于他才学超群，所以被主考官列入向乾隆皇帝推荐的前十卷名单呈上御览。乾隆皇帝从卷面上发现他是一个人才，决定要对他进行一番面试，看他是否有真才实学。结果不看不知道，一看吓一跳。其貌不扬姑且不说，尤其不能让人容忍的是，他竟然只有一只眼睛。乾隆皇帝心想，如果取他，实在看不过眼、说不过去；若要仅凭这一点把他拿下去，又有以貌取人之嫌。他思虑再三，还是决定先考一考他。

乾隆皇帝看他神态自若的样子，开口说道："朕要当面考考你，如果你才学平平，就休怪朕笔下无情了。"刘凤浩应允。乾隆皇帝说："朕出上联，你要对出下联。"接着，乾隆皇帝说出上联：

独眼不登龙虎榜。

刘凤浩听了后，尽管心里不快，但稍一思考，嘴上立即对出：

半朋依旧照乾坤。

乾隆皇帝不由露出惊喜的目光，随口说道："还算对得工整，口气不小。朕再出一联，你来对。"接着又说道：

东启明，西长庚，南箕北斗，朕乃摘星汉。

刘凤浩果然才思敏捷，马上对出下联：

春牡丹，夏芍药，秋菊冬梅，臣是探花郎。

乾隆皇帝一听，叹服至极，不禁龙颜大悦，朱笔一挥，刘凤诰就被录取为一甲第三名探花。

化险为夷

无论是哪朝哪代，凡是明智的一国之君，都是大力提倡“唯才是举”的，有时候甚至公然声称“举贤不避内”。事实上，尽管封建君主如此提倡，但真正敢这么做的毕竟还是少数。因为在某种意义上说，弄不好是要承担风险的。清嘉庆十四年（1809）恩科进士第一名洪莹就曾有过这方面的感受，让人感到欣慰的是毕竟有惊无险，洪莹最终还是戴稳了这顶状元的桂冠。

这次殿试是为了庆贺嘉庆皇帝五十寿辰而设立的恩科。考试结束后，担任阅卷大臣的戴衢亨发现徽州故里歙县举子洪莹德才兼备，便想方设法推举他为一甲第一名。由于洪莹试卷本身答得也确实好，其策论指陈时弊、情真意切，也深受嘉庆的高度嘉许，并钦点洪莹为当科状元。可是时过不久，嘉庆皇帝又收到给事中花杰的一纸奏章，称洪莹考取状元有弄虚作假之嫌，理由是洪莹与主考官戴衢亨是同乡，两个人又是私交很深的朋友，洪莹能成为状元都是戴衢亨包庇同乡，为其打通关节的结果。

嘉庆皇帝一看奏章，也觉得问题很严重，如果所反映的问题是事实的话，确实也应该严惩不贷。因为在科考的问题上，无论先皇圣祖还是自己都曾不止一次地颁发谕旨，严禁奔竞请托，想不到还会发生此类事情。可又一想，这毕竟是关系到本朝声誉的大事，如果是诬告的话，也将会危及大臣和举子一生的前途。为慎重起见，他命满洲军机章京将洪莹带至上书房，在二皇子的监视下，让他把殿试策重新默写下来。洪莹当时也是丈二和尚——摸不着头脑，心想也可能是要对自己委以重任，但不管怎么说，自己写过的东西再默写一遍也不是什么难事儿，于是他用了不长的时间就写完交卷了。嘉庆把当初的试卷拿出来与他新默写的一对照，几乎一模一样，一看确实是出于同一人之手。原来花杰与戴衢亨相互之间积怨很深，完全凭借猜疑就写了这个诬陷的奏章。事情真相大白以后，花杰自然受到了惩罚，嘉庆皇帝对戴衢亨相反更信任了。为了安慰洪莹，嘉庆还特别赏赐洪莹精抄两件，以此用以奖励。

后来，洪莹知道这件事的原委以后，不由得浑身出了一身冷汗。他真的感到很后怕，如果自己一紧张，真的一时默写不出来，不仅自己要身遭厄运，还要连累举荐自己的戴衢亨大人。从此以后，他便无心仕进，不久就辞官归家，潜心做自己的学问。

仅凭一策

科举考试的最终结果究竟会怎么样，除了看考生的实际成绩以外，有时候还要看自己的运气。当然了，自己的运气说到底还是取决于皇帝的喜好和眼力。清嘉庆十六年（1811）辛未科殿试的状元蒋立镛之所以高中，就是因为嘉庆皇帝看好他写的《治河策》。

蒋立镛出身于官宦之家，他的父亲是都察院左副都御史、鸿胪卿蒋祥墀。他从小就勤奋好学，清嘉庆九年（1804）参加乡试中举。后来，他将自己的诗作《东巡诗册》呈献给嘉庆皇帝，受到了嘉庆皇帝的青睐。会试结束后，共有 300 多名举子齐聚金殿参加考试。这次殿试出的试策题与以往不同，没有具体题目，只有 800 多字的答题要点，举子们必须融会贯通以后才能拟出题目进行对策。

这样的试题对有的考生来说，就显得不知所措了，可对蒋立镛来说，却觉得没什么可难的。他经过归纳、梳理之后，概括出四个问题，即：治国之道、治民之法、治河之策、治兵之制。然后条分缕析逐题作答，尤其对《治河策》论述得最为精彩。他在对策中，提出“助淮以敞河”“合黄淮以治漕”的治河主张，很有独到见解。

殿试过后，阅卷大臣将蒋立镛初步拟定为第三名。但头十名的试卷都要呈送给皇帝，嘉庆皇帝看到蒋立镛的试卷后，觉得其《治河策》写得精妙绝伦，而且书法秀美，遂将蒋立镛拔置第一。就这样，他仅仅凭借一篇试策就力挫群雄，一跃而成为万众瞩目的状元郎。

天遂人愿

如果把“人算不如天算”这句话用在毕沅考取状元这件事上，真是再恰当不过了。

毕沅，字秋帆，一字湘衡，自号灵岩山人，祖籍安徽休宁，江南镇洋（今江苏太仓）人。毕沅天性聪颖而且悟性很强，6 岁时开始读《诗经》《离骚》，10 岁已经能通音韵、作诗文。长大后，师从沈德潜和惠栋，为他以后的读书治学打下了坚实的基础。

清乾隆二十二年（1757），他以举人的身份补授内阁中书，不久又调任军机处行走。三年以后，他又一次参加会试。一同和他参加会试的还有他的两个同事，一个叫诸重光，另一个叫童凤三。这两个人都颇有才名，而且还写得一手好字。相比之下，毕沅的才气和他们比也不相上下，只是书法欠佳，字写得一般。这在当时看来，无形中和人家比有一缺，因为清代的科考是很看重书法水平的。

临考的前一天下午，天色渐渐地黑下来了。这一天本来应该由诸重光值夜班，可是他却拉着童凤三的手走过来对毕沅说："真对不起了！我想请你帮我值今天的夜班，明天就考试了，我们想回家准备准备。你虽然明天也考试，但就你那两把刷子，我看就算了吧，别再有非分之想了！"毕沅其实也想早点回家，让人家如此一奚落，不知道说什么好了，便红着脸答应下来。两个人说完这话以后，便扬长而去了。

当天晚上，正赶上朝廷将陕甘总督黄廷桂关于新疆屯田事宜的奏折转交到军机处，毕沅没有什么别的事可干，就捧起这份奏折专心致志地读起来。让他意想不到的是在第二天的考场上，第一道策试题恰恰就是关于新疆屯田谋略的内容。平日里熟读"四书五经"的人不由得慌了手脚，眼睛瞪着试题答不出来，诸、童二人也是在那里抓耳挠腮，半天写不出一句话来。而毕沅这时候却一气呵成，写得非常顺手，没用多长时间便很有把握地交卷了。主考官一看他题虽然答得好，但字写得实在是差一些，于是将他排在第四的位置，呈请乾隆皇帝裁定。

乾隆皇帝毕竟是明君，他更看重的当然是策论的内容。阅卷时，他对前三名的卷子都不满意，觉得论述的观点都缺乏说服力，当看到第四张卷子时顿时觉得眼睛一亮，再一看内容对策赅实明确，好多主张与自己的观点比较贴近，于是便把毕沅拔为第一。毕沅一举成为清乾隆二十五年（1760）庚辰科进士第一名。

抱病应试

有清一代，在科举考试中，一共脱颖而出两个“三元”（解元、会元、状元），一个是清乾隆四十六年（1781）辛丑科进士第一人钱棨，另一个是清嘉庆二十五年（1820）庚辰科进士第一人陈继昌。说起陈继昌考取状元的事儿，还有个鲜为人知的故事——

陈继昌是乾隆朝著名宰相陈宏谋的玄孙，他自幼就博览群书，勤奋苦读，不断激励自己学有所成。清嘉庆十八年（1813），陈继昌参加乡试，得中解元；七年之后又参加礼部会试，再夺会元。刚刚考完会试，很快又迎来了殿试，由于过度的体力消耗和精神上的紧张，再加上长途跋涉、一路劳顿，会试之后他就一病不起了，而且病得很重，很难支撑了。

究竟怎么办呢？他心里明镜儿似的，如果放弃这次殿试，不仅三年之后才能再考，而且即便三年后再考，成绩再优秀，按当时朝廷的规定，也不能进入前三名，况且自己已经夺得了两元，距实现“三元”的目标可以说只差一箭之遥了。在这样的情形之下，他咬紧牙关、强忍病痛，决定最后一搏。考试的时候，他从早到晚一天没有吃东西，实在难受时便嚼一口参片，尽管身体发软、大汗淋漓，但一举夺魁的强烈愿望支撑着他，一鼓作气地把试题答完，临近结束时他已经瘫作一团泥了，亲朋好友将他搀扶出了考场。

殿试结束之后，他被阅卷官们拟定为一甲第二名。嘉庆皇帝在看前十名举子的试卷时，觉得其名次排列得基本合理，等到拆开弥封之后，参与阅卷的知贡举曹振镛说：“本朝百余年，三元仅一人，无以彰文明之化。”言外之意，陈继昌已经夺得二元了，现在又居第二，不如把他改为第一，我大清王朝岂不又多了一个“三元”吗？嘉庆觉得他说得有道理，便点了点头，把陈继昌改为一甲第一名，又一个“三元”就这样诞生了。

面授机宜

考场作弊是古今通病。清代科举考试尽管十分严格，但总是有想方设法的作弊者，其手法真可谓无所不用其极。当然最有效的方法就是自己的水平也算可以，再加上熟悉主考，只要在考卷上作好记号，往往都会被录取。

据记载，有一次福建某大官将要主考会试，考试前在京中宴请同乡举子中亲朋好友，席间他亲自给大家斟酒，并反复地说：“尽此壶！”参加宴会的不乏机灵之人，好多人都明白了其中的涵义。于是，他们都在考卷的第一篇八股文的结尾处用上了“尽此乎”三个字，最后都考中了。谁也不会想到，唯独他的女婿是个闷葫芦，没有领会其岳父的意图，未用“尽此乎”三个字，结果名落孙山——没有考中。

事过不久，有人告发这位大官考场作弊，为很多人打通关节。他据理分辩说：“如果我要是为别人打通关节的话，为什么我女婿没有考中？”官府一听说得有道理，就不再追究了。

误认嘱托

一些稀奇古怪的科考轶闻不仅发生在殿试的考场上，有时候乡试、会试乃至童试上的一些情景也让人捧腹，并发生过许多有趣的故事。

一次，陕西学政某公要去西安任职，临行前来到自己的座师某尚书家里辞行。他想座师本是西安人，不知道有什么嘱托没有，就千方百计地来讨一个口信儿。师生二人谈了很长时间，座师也没有说出明确的相托之事。这时，座师觉得饥肠辘辘有一个屁要放，但又觉得在自己的学生面前放屁实在有失师尊，便尽可能忍着，实在觉得忍耐不住时，他便抬起屁股轻轻地放了出来。

这位学政见他抬了一下屁股又坐下，心想座师一定有话又说，就再三询问。座师见他如此真诚，也就得和他实话实说了，可斟酌再三还是觉得“放屁”两个字说不出口，便委婉地说了一句：“真的没什么，不过是下气通耳。”学政这才略有所悟，不由得连连点头，“下气通”三个字他牢牢地记在了心头，并暗自告诉自己：如果真的遇到“夏器通”（“下气通”的谐音）这个人，一定不能辜负了恩师的嘱托。

说来也巧，陕西临潼真的有一个名叫夏器通的读书人，他生性愚钝、才疏学浅，可偏偏要走科举这条路，早些年他靠着抄袭在童子试中被录取为秀才。当了秀才以后，接踵而至的就是月考、季考、岁考等一系列检验其学业的考试，但毕竟不能总是靠着抄袭过关啊！万般无奈的时候，他想去算上一卦，结果算命先生却说：“你别着急，你的文章一定能取得第一名。”他尽管半信半疑，但心理上也是一种安慰。

学政来到西安很快就组织了考试，考过之后他便费尽心思把夏器通的试卷找了出来，一看不由得倒抽了一口冷气，简直是文理不通、荒谬至极。可又一想，有座师的嘱托，说什么也得强加评点定为第一啊！结果公布以后，诸秀才一片哗然。可又退一步想，学政可是有名的翰林，自然不会看走眼的。再说了，夏器通本来就是一个寒门子弟，也不可能在考前做什么手脚。但不管怎么说，把他定为第一名，大家还是觉得不可理解。

学政任期期满之后又回到了朝廷，把受嘱托的事情告诉了恩师，尚书一时想不起来是怎么回事儿了，最后终于想起了当初的情景，并讲了那天自己说的话的真正涵义，两个人不由得哈哈大笑起来。

大圣齐天

“大圣齐天”四个字引出清代科考时一篇八股文的破题来，由此引出一个饶有风趣的故事。

有一次，福建的一位在京大官要主持会试，在此之前不少亲朋好友的孩子都找到他，请他事先透露点消息，关键时刻帮助打通打通关节。对此，他怒不可遏，大声斥责道：“你们这些孙猴子，好大胆！”一看这阵势，大家谁也没敢吱声，灰溜溜地一哄而散。

等到考试时，第一道八股文试题是“巍巍乎惟天为大”至“无能名人”一章。有的人眼睛一亮，灵机一动，猛然间想起他骂“这群孙猴子”这句话，于是文章就用了“大圣齐天”四个字，由此破题一气呵成，很快一篇文章就写完了。几天之后，人们惊奇地发现，凡是以此破题的人，大多数人都考中了。

明争暗斗

在科举时代，大魁天下是相当有诱惑力的，一旦成为状元以后很快就会让人生际遇发生明显的变化。正因为这个原因，为了实现这个目标，一些读书人的明争暗斗也就在所难免了，有的人可谓是手段无所不用其极。清咸丰六年（1856）丙辰科状元翁同龢最后能大功告成，知道底细的人都知道这个“状元”的美誉真的是来之不易。

翁同龢与孙毓汶两个人都是才华横溢的青年，而且两个人在朝廷中都有一定的背景，可谓是双双名满天下。殿试之前，大家就议论纷纷，都认为本科状元一定会在他们两个人中间产生。翁、孙两家还都是官宦之家，两家的关系也非同寻常。谁也不会想到，就是这样背景的家庭里，为了能在考场上独占鳌头，竟然做出明争暗斗的事儿来，给后来人留下了笑柄。

事情原委是这样的：殿试的前一天晚上，孙家特别邀请翁同龢到他们家里参加夜宴，翁同龢由于第二天就要参加考试，本来不愿意去，但盛情难却，最后还是勉强地去了。吃完饭后，翁同龢急着要告辞，可是孙的父亲又以长辈的身份再次挽留，一直叙谈到深夜才把他送到另一个地方去休息。

翁同龢刚刚躺下，住所的附近便有人燃放起鞭炮来，而且是响一阵儿停一阵儿，一直折腾到拂晓时分，根本合不了眼，弄得他疲惫不堪。第二天，他硬着头皮进了考场。开始答卷时，翁同龢就觉得浑身乏力打不起精神，没办法他只好呆呆地坐在那里。忽然他想起自己的怀里还带有两颗人参，便拿出来在嘴里细细咀嚼。说来也真怪，过了一会儿，他真的觉得脑清目明了，于是他拿起笔来一鼓作气地答完了试卷。

翁同龢确实功底深厚，就是在这样的情形下，仍然出手不凡，摘取了状元的桂冠。而孙毓汶也紧随其后，夺得了榜眼。

喜爱有加

在我国的历代状元中，有一位唯一担任过“大使”的状元郎，他就是清代末期颇有外交家才能的著名外交官洪钧。

洪钧，字陶士，号文卿，江苏吴县人。小时候，因为家里贫穷，父亲希望他学着做买卖，走经商之路。可是他说什么也不同意，哭着跪在父亲的面前乞求继续读书。父亲见他如此好学，也就心慈面软地答应了。从此以后，他寒窗苦读，勤奋异常，决心通过自己的努力走好科举取士这条路。

说起来，他能在殿试中夺魁，还得感谢他父亲当初给他起了个好名字。当时正赶上刚刚剿灭太平天国和捻军，经历了第二次鸦片战争的清王朝内忧外患日益严重。殿试后主考官把前十名的卷子呈送给垂帘听政的慈禧，慈禧打开试卷一看，排在第一位的是江苏人王国钧，一看这名字她不由得不寒而栗，“王国钧”其谐音不正是“亡国君”吗？想到此，她咬紧牙关，口里说着“不行”两个字，随手将这份试卷弃置一旁。

她觉得很晦气，第一张卷子就让他心里堵得慌。紧接着她又翻开第二份试卷，竟然又翻到一个“钧”字，刚想扔在一旁，结果正神一看，此“钧”非彼“钧”，因为这个“钧”字前还有一个“洪”字，一看是“洪钧”就觉得喜庆。她一下子联想到翁同龢在教授同治皇帝时曾给两宫太后讲授过《治平宝鉴》，因此她对这个词并不陌生，而且还喜爱有加，并且了解了它的意义。于是她微微一笑，说了一句“真乃天赐吉祥”，当即把洪钧拔为清同治七年（1868）戊辰科进士第一人。

洪钧就这样因为有了一个好名字而一举成为状元。

一字手脚

纵观中国古代的科举史，有的人能大魁天下，除了他自己的试卷答得确实好之外，还掺杂着许多别的因素。换句话说，有的人能考取状元，其实是团队的力量。为什么这么说呢？看一看清光绪九年（1883）癸未科状元陈冕高登榜首的经历，就能对其中的奥秘略知一二了。

陈冕，字冠生，号梦莱，顺天宛平（今北京大兴）人。他 15 岁考取秀才，17 岁参加顺天乡试中举，而且因为应试文章出众而声名大振。应考会试时，连续考了四次才过关参加殿试，但他以其书法名动京城。他的才气，更是特别受到了清宗室出身的国子监祭酒意园（盛昱）的赏识。

等到他应考殿试时，意园先生预测状元非他莫属，陈冕对自己也充满信心，也觉得其状元的桂冠肯定就戴在他的头上了。当时，清代的殿试有个惯例，即朝廷委派收卷官在保和殿左门外收卷，考试那天考生们的亲朋好友都可以进入皇宫请求观看其考生的试卷，这就是所谓的“接场”。

接场那天，意园先生带着梁鼎芬等人来到宫廷观看陈冕的试卷，这时陈冕已经交完卷子了。找出他的卷子以后，大家争相传阅，异口同声地称赞他答得好，都以为陈冕肯定是稳操胜券了。意园先生更是喜笑颜开，可是他拿到试卷以后，不由得倒吸了一口冷气。他意外地发现其对策卷上有一处“诏”字违式，就这一个字的疏忽，不用说当不上状元，就是进入二甲也不可能了。

当时，陈冕的岳父大人也在场，他马上派人去找陈冕，想让他回来看看有什么补救措施，可是陈冕早就得意忘形地跑出考场了。在大家一筹莫展的时候，意园先生出于爱才之心，壮着胆子从收卷官处要过来一支笔，模仿陈冕的字体在“诏”字之上添了一个“特”字，这样不仅对皇上增添了敬意，而且也符合其格式了。结果等到公布殿试的名次时，陈冕果然当上了状元。

漏网之鱼

在封建科举时代，考生能不能一举中第，个人的成绩固然重要，但阅卷官的作用非同小可。这就看其考生的运气了，运气不好的考生，碰上一丝不苟的阅卷官，稍微有一点儿差错，也是很难逃避过去的；相反运气好的考生，试卷上真的出了一点儿差池，也可能就蒙混过关了。清光绪十六年（1890）恩科进士第一人吴鲁就属于后者，并堂而皇之地当上了状元。

吴鲁，字肃堂，号且园，福建晋江人。他能够考取状元，虽然是机遇好，但他毕竟也是有学问之人。他参加的这科殿试，是专门为庆祝光绪皇帝“亲政”特开的恩科。考试结束后，与吴鲁同科榜眼文廷式可谓德才兼备，诸考官一致的意见是把他列为第一。可惜后来发现在其策试卷中，文氏却将“阎”字误写成了“面”，于是光绪皇帝将其列为第二名，而把吴鲁列为进士第一人。

其实，吴鲁的卷子也不是真的那么优秀。在他的殿试卷上，重复写了一个“而”字，这在科举考试中是绝对不允许的，因为按照规定，出现错字与重字的，不仅要受到处罚，而且根本进不了鼎甲之列。但是说来也巧，这个重复的“而”字错的非常是地方，正好是一个在前半页的最末，一个在后半页的开头。这么一错开，按照人们的阅读习惯，真的是难以发现。所以几个阅卷官虽然都看过了，可是却没有一个发现的，就这样，他的试卷蒙混过关之后很顺利地独占鳌头了。

多年之后，这份试卷辗转到了北京懿文斋书店，书店的老板为了招徕生意便把这份试卷贴在了墙上，两个折页展开以后，两个“而”字就清晰地展现在人们的面前了。可是，物是人非、时过境迁，再也没有人去理会了。

大魁天下

说起张謇考取状元，有许多鲜为人知的故事。张謇，字季正，号蔷庵，一作蔷公，江南通州（今江苏通州）人。他一生中办了许多实业和教育事业，是一个很了不起的人物，有“状元资本家”之称。

张謇考取状元，是充满着坎坷和艰辛的。张謇自幼聪颖敏慧，为了能让他一举成名、光宗耀祖，在他很小的时候，父亲就为他延请了塾师为其教读。一次，他正在家塾馆读书，忽然有一个人骑着一匹高头大马经过。老师触景生情，随口吟出一句联语“人骑白马门前过”，并问生徒哪个能对出下联？不一会儿，有一个人站起来说：“儿牵青牛堤上行。”这个人原来是张謇的哥哥，对得虽然很平庸，倒也可以称得上是工对。正在这时，张謇也站立起来说出了下联："我踏金鳌海上来。"塾师一看，气势非凡，志向高远，竖起大拇指说："此儿非同寻常，今后必定大魁天下。"

张謇15岁读完"四书五经"，16岁考取秀才，尽管如此出色，但在以后的科考中仍然曾三次落第。他成为举人以后，有一天慈禧太后见宫内冰雪消融，唯独缸口一圈白雪皑皑，不见融化。她为了炫耀自己的才华，便口占一上联命左右的太监应对。联云：

雪落缸口，天赐一条玉带。

在旁的太监面面相觑，没有一个人能对得出来，就连朝廷内的文武百官也绞尽脑汁，无以应对。于是，慈禧骄恣一笑，传下旨令，悬榜征对。这时新人张謇正在京城等待考试，他琢磨来琢磨去，毅然揭下榜来。对出下联：

虹出海外，地涌半副金环。

慈禧闻报以后，乐不可支，连称"珠联璧合"，是绝妙工对。接着，她御笔一挥，钦点张謇为清光绪二十年（1894）甲午科状元。

投其所好

这是一个清光绪二十一年（1895）乙未科殿试中状元的故事，故事的主人公骆成骧是清代四川省唯一的一名状元。

一天，骆成骧的父亲领着他去北京赶考，他们到处打听消息、收集信息，研究分析光绪皇帝在甲午战败时的心情，以便在考试中做好对策。

考试时，骆成骧写的殿试对策，不仅摭拾了一些变法维新的词句，而且还打破了以往对策文章死板的格式。考试结束后，阅卷大臣徐桐等人将头十名的名次拟好呈给光绪皇帝，当时萧荣爵是第一名，骆成骧排在第四名。在一般的情况下，皇帝往往尊重阅卷官们的意见，可是这次光绪皇帝一看骆成骧的卷子就以为是康有为写的，便把他点为状元。

等到打开弥封，才知道写这篇文章的并不是广东的康有为，而是四川的骆成骧。他在殿试中的警句是“主忧臣辱，主辱臣死”，这自然很能博得皇帝的青睐。据说，殿试查验进呈前十名试卷时，骆成骧的本子放在最后，而光绪皇帝特意把它提为第一。

现在，成都有个很有名的“落酱园巷”。清末民初之时，它原本叫“骆状元巷”，其状元府的主人就是骆成骧。

因名夺魁

同样是一个名字，有的人因名而落第，在的人却因名而夺魁，关键的问题就在于皇帝的好恶。清光绪二十九年（1903）癸卯科进士第一人王寿彭能够当上状元，实实在在地说就是沾了自己名字的光。

山东潍县的王寿彭，少年苦读，17 岁考取秀才，26 岁考中举人，27 岁又参加殿试考试。这一年，正赶上八国联军入侵北京，烧杀抢掠无所不作，直到李鸿章签署了丧权辱国的《辛丑条约》才退出京城。进入晚年的慈禧太后从西安避乱回来以后，眼见满目疮痍的景象心灰意冷，萎靡不振。由于心情不好，她动不动就大光其火，朝廷的大臣们都想方设法地取悦于她，生怕做一点让老佛爷动怒的事情。

同治以后，历届进士科考试在最后确定名次时，大多都是慈禧说了算，而且她又非常矫情，有时弄得阅卷大臣很狼狈。这次殿试结束后，阅卷官们觉得非常为难，不知道究竟怎么选择好前十名才能合慈禧的心意。大家商量来商量去，觉得还是应该从考生的名字上动心思，因为这科快到慈禧的七十大寿，所以必须找一个吉祥的名字放在前面，让慈禧打眼一看就能高兴，这样阅卷官们才能有好日子过。

也真的是“工夫不负有心人”，找来找去真的找到一份他们认为名字特别好的试卷，这个名字就叫王寿彭。“王”者，帝王之称谓；“寿”者，有长寿百岁的意思；“彭”者，传说中的长寿之祖不就叫“彭祖”吗？这么一琢磨，真的是觉得天衣无缝。于是，他们也不考虑他究竟应该排列在什么名次上，就把他列在了一甲第一名的位置上。

事情的结果正像阅卷官们预料的那样，慈禧太后一看见“王寿彭”这个名字，脸上马上布满了笑容，越琢磨越觉得这个名字起得好，于是钦点他为当科状元。

幸运考生

自诩为“第一人中最后人”的刘春霖能够大魁天下，应该说是非常幸运的。因为光绪癸卯科刚结束不久，按照常规，科举为三年一科，下科应在三年内举行。但是，甲辰年是慈禧太后的七十大寿，被称为“万寿节”，所以特赐恩科。这样刘春霖才会有机会成为清光绪三十年（1904）甲辰科状元。

刘春霖生活在一个贫苦的农民家庭，从小就聪明好学，几岁时就能写一手好字，十几岁时就能在赶集时卖自己书写的对联。他长大后曾就读于保定莲花书院，师从著名学者吴汝纶，而且一学就是十年。清光绪二十九年（1903）年他参加会试考试落第，但他的书法以剔透神韵的馆阁体为达官贵族所欣赏。于是，他凭借抄抄写写以谋生计。尤其是后来他的书法受到慈禧的赏识后，他曾为其抄写过《文昌帝君阴骘文》《大唐西域经 · 圣教序》等文章，慈禧都把它们当作墨宝珍藏起来。

清光绪三十年（1904）甲辰恩科殿试开考，此科考试是科举时代的最后一科考试。考试结束后，经阅卷大臣们的一致评议，呈报前十试卷“承恩”。当时，慈禧刚刚为了反对新法发动了宫廷政变，囚禁了光绪皇上和他的爱妃珍妃，后来又将珍妃投入水井。这样一来，本来应该由皇帝“承恩”钦定的考生名次，只能由慈禧定夺了。第一名的试卷开封后是广东的朱汝珍，慈禧一看此名中有一个“珍”字，立即联想到在“庚子事变”（1900 年义和团运动）中自己逃难前投井处理的“珍妃”，而且“朱”与“诛”同音，“诛汝珍”岂不是隐喻自己谋杀珍妃吗？想到此，她将这份试卷搁置在了一旁。

拆开第二份试卷时，排在第二名的是河北肃宁县的刘春霖，此卷细笔工楷，字体娟秀俊丽，慈禧越看越觉得眼熟。这时特别有眼力见的隆龄提醒了她一句：“这不是为老佛爷抄写经文的刘春霖嘛！”慈禧这才恍然大悟，不禁绽开了笑脸。在他看来，“霖”字含有“霖雨苍生”之意，眼下神州大地旱魃逞凶，“春霖”乃春风化雨、普降甘霖之义，这是一个多么好的征兆啊！于是决定将他的试卷与朱汝珍的对调，将 32 岁的刘春霖拔为状元。众阅卷大臣连称：“圣上英明！”

由此看来，刘春霖能当上状元，确实也是得益于一手好字和一个吉祥的名字。

欣然赋诗

击鼓悬灯侵晓寒，院门日午万头攒。
要知众怒诚难犯，高举竹竿打试官。

三门大放万人行，试卷签筒尽踏平。
明远楼前齐止步，静观后果寂无声。

惊杀群官忙杀佁，匆匆又把卷新裁。
但凭卷票领将去，天地元黄归号来。

这几首纪事诗的作者是清光绪年间开封府的生员马佛樵。清光绪二十八年（1902）八月，全国统一举行乡试。顺天乡试和河南乡试统一在开封府的河南贡院举行。按照惯例，考试开始前对考生都要进行点名搜检。贡院大门、二门、三门负责搜检的差役排成两行，他们个个虎视眈眈、如临大敌，其考生不论年龄大小一律被强行开襟、解怀、脱鞋、摘帽，仿佛过鬼门关一样从中间鱼贯而入。两差役搜检一考生，要仔细检查考生的衣服、鞋袜、文房四宝及器具，连耳朵眼、鼻子孔都不放过。因此，广大考生对这项有辱人格的制度深恶痛绝。

九日凌晨，乡试第一场开考，贡院三门大开、灯烛辉煌，原定的入场点名搜检，改为以街头挂一个灯笼为标志。不料管灯的公差睡着了，突然醒来后，稀里糊涂地一连挂上十多个灯笼。考生见状，误以为自己迟到了，加上一些考生本来就对这项规定痛恨至极，一时蜂涌而进，考场秩序乱成一片。这时，有一位考生高呼：“打吧！打吧！”一时间竹竿翻飞，负责在西门点名搜检的臬台官被愤怒的考生赶出贡院。紧接着坐镇东门的藩台官、中门的河南巡抚也被迫回避。乡试草草收场，朝廷也不得不做出让步。从此以后，乡试点名搜检制度被彻底地废除了。

于是，参加这次乡试的马佛樵为了表达自己的喜悦心情，写下了这三首脍炙人口的纪事诗。

错抄试题

晚清的时候，参加县州初试的童生经常是上千人。本来许多地方的官员是“捐纳”和军功出身，因为自己不通文墨，只好委托身边的幕友代庖，从表面上看仍然是由县官主持，这样一来就不可避免地闹出不少笑话。

当时有一个叫曹益的人，本来是某位大官的仆人，因为心眼多、巧于聚敛而发家致富，并捐纳得了知县，后来他又用巨资来行贿巡抚、藩司，结果得以署理最为富庶的苏州府知县。赶上县试那一年，他便委托幕友代拟了一道试题，题目为《暮春者》，出自《论语·侍坐章》，属于通俗类的题目。等到考试时，曹知县把参加考试的童生集中到一起，准备点名。

当时凡是这种情况都需要点名，而且在点名前知县都要预先熟悉名册，目的就是叫不准的字提出来弄清楚后再点，以免念错了名字弄出笑话。遗憾的是他光注意名册了，当他抄写试题时却把“暮春者”抄成了“暮春在”，结果，点完名后一公布试题，应试者顿时骚动起来。后来经过他的那位幕友跑出来委婉地加以解释，再加上衙役们出面威胁，这件事才算平息下来而没有酿成罢考事件。

认“焉”为“马”

河南有一个赳赳武夫，曾投军左宗棠的部下，由于有战功便当上了一个中级军官。可是他一直不满足自己所担任的职务，非要弄个文官当当不可，后来终于得授江苏华亭知县。

刚刚到任三个月，正好赶上县试，等到点完名关闭考院大门之后，他便高高地坐在堂上。分管考试事宜的礼房书吏上堂请出试题，结果他倒瞠目结舌起来，因为他本来不懂得“四书”。没办法，只好委托幕友代拟试题，当时他把试题掖在靴筒里，可一着急说什么也找不到了。考生们见迟迟不公布试题，便嚷嚷起来。书吏私下里向知县询问：“大人还记得其中有什么字句吗?”知县回答说：“其余的都忘记了，只记得有一匹马。”书吏说：“是否‘百姓闻王车马’?”回答说：“不是此马。”书吏又问：“中至于犬马?”又回答说：“也不是此马，我记得马不在中，也不在下，乃在顶上。”书吏眼珠子一转说：“知道了。”便写下了“马不进也”四个字。

知县端详了一番，仍然摇头说：“我记得跟在‘马’后面的不止这几个字。”书吏摸了摸脑袋也无话可说了，转念又一想，马上提示道：“大人刚才找题似乎只找了左边的靴筒，是不是在右边靴筒呢?”知县这才恍然大悟，伸手摸右边靴筒，果然找到了题纸。书吏凑到跟前一看，原来试题是《焉知来者之不如今也》。这下，书吏明白了，原来知县大人不认识这个“焉”字，而误认作“牛马”的“马”了。

主要参考书目

1. 《中国科举史》，刘海峰、李兵著，东方出版中心，2004 年 6 月出版。

2. 《中国科举史话》，李树著，齐鲁书社，2004 年 1 月版。

3. 《清代科举考试述录及有关著作》，商衍鎏著，百花文艺出版社，2004 年 7 月出版。

4. 《中国历代文状元》，王鸿鹏、王凯贤等编著，解放军出版社，2004 年 1 月出版。

5. 《中国历代榜眼》，王鸿鹏、五凯贤等编著，解放军出版社，2004 年 1 月出版。

6. 《中国历代探花》，王鸿鹏、王凯贤等编著，解放军出版社，2004 年 1 月出版。

7. 《涌幢小品》，朱国祯著，文化艺术出版社，1998 年 8 年出版。

8. 《清代状元奇谈 · 清代状元谱》，周腊生著，紫禁城出版社，2004 年 5 月出版。

丛书后记

中国科举文化是中国传统文化的重要组成部分。科举作为一种古代最为健全的文官制度，它渊源于汉，创始于隋，确立于唐，完备于宋，兴盛于明、清两代，如果从隋大业元年（605）的进士科算起，到清光绪三十一年（1905）被废除，科举制度在中国整整有1300年的历史。随着时间的推移，一晃这项有着顽强生命力的制度，已经被废除一个多世纪了。科举制度虽然成为过眼云烟了，但科举本身所蕴涵的文化要素却一直在影响着现代的中国人。现在，好多人一提到“科举”二字，往往都是一头雾水，尽管知道有“科举”这类事儿，但大多都是似是而非，说不出子午卯酉来。

我产生撰写这套丛书的想法，从根本上说，缘于对藏书、读书的兴趣。几十年的藏书经历，使我收藏了很多有关科举文化方面的书籍。当初，这类的图书世面上很多，而且价格也不是很昂贵。尽管传统意义的藏书家对此类书籍不屑一顾，但我却对它情有独钟。因为我手头有一些这方面的刻本和抄本，都是我的曾祖父流传下来的。尽管当时也读不懂，觉得它没有多大的用处，但毕竟是先祖流传下来的东西，还是有一种敝帚自珍的心理，舍不得丢弃。后来，在古旧书的图书市场上又陆续发现一些零篇断简，于是抱着一种“人弃我取”的态度，又搜寻到一些。虽然当时没有系统地阅读，但有时拿在手里，仍然能够感受到古人当初走科举之路的艰辛。

后来，在“科举百年祭”的浪潮中，我系统地阅读了一些有关科举文化的书籍，想不到竟然让我们爱不释手，陶醉于斯。再阅读起曾祖父留传下来的一些写本、抄本和刻本，就觉得别有一番滋味在心头了，甚至常常让我欣喜异常，乐不思蜀。记得梁启超先生说过这样一句话：“兴趣是最好的老师。”通过几年对科举文化书籍的研读，确实觉得有很大的收获，并激发起更进一步阅读的兴趣。后来我越来越觉得，有关这类题材的普及读物简直是凤毛麟角，原因是大家（专家学者）写的多是专题性的学术研究著作，一般的人写起来又有一定的难度，于是我和爱人商量，能否钻这么一个空档尝试着写一写，也为科举文化的普及贡献绵薄之力，这就是我们撰写这套丛书的根本出发点。

愿望终归是愿望，真正地动起笔来，真可谓步履维艰。尤其是有关“试贴诗”和“策文”的写作更显得勉为其难，原因是自从科举制度废除之后，学者们对这两种科考文体的研究近似于盲区，就是一些文学史研究的学者在其著作中往往也是对此一带而过。人们在谈论中国状元殿试试卷时，“几乎一律把它看作是八股文，其中竟有教授、博导，真是让人跌破眼镜”（见邓洪波、学者王胜军《中国殿试状元卷大全及其价值》）。尽管存在这样那样的一些困难，但我们手头毕竟占有一些别人难得一见的科举学的资料。除此之外，我们利用双休日的时间穿梭于省、市两家图书馆借阅有关参考书籍，然后我们再做成资料卡片，在此基础上便有滋有味地撰写起来，前后经过四个多年头，最后总算写了出来。

正在我们疲于奔命地写作之时，2009 年沈阳市新闻出版局和《沈阳日报》联合举办了第二届“沈阳市十大藏书家”活动，经过考察论证，我不仅榜上有名，而且名列“沈阳市十大藏书家”之首，这无形中也给我增添了写作上的动力。我觉得只有把自己的收藏转化成一定的学术成果，才称得上逐步走上了“藏以致用”的这条道路。藏书对我来说，确实是受益匪浅，正是有了这些丰富的藏书，才能使我有勇气把这套丛书赶写出来。

我们这套丛书能够付梓并得以正式出版，尤其要感谢语文出版社文化图书部主任李勇先生，他不仅策划了本套丛书，而且还忙里偷闲为这套丛书撰写了大气磅礴的长篇序言，这种奖掖后进、关爱作者的精神，着实让我们夫妻二人深受感动。

书稿虽然写出来了，但是我们知道自己毕竟才疏学浅，书中肯定有许多不尽如人意的地方，诚恳地欢迎读者批评指正。

作　者

2010 年 12 月